FRAN

Le classique des nœuds

Éditions **OUEST-FRANCE**

Sommaire

Introduction

Le nombre des nœuds s'est accru progressivement au fil des siècles, en fonction des nouveaux besoins créés par le développement des techniques. La marine à voiles notamment a entraîné l'invention de multiples nœuds devenus indispensables pour le bon déroulement des manœuvres : le geste doit être précis et rapide dans l'exécution des nœuds pour assurer le meilleur comportement du navire. Il ne faudrait cependant pas penser que seule la marine faisait usage des nœuds, même si c'est dans ce domaine que nous les retrouvons en priorité actuellement.

Ces nœuds ne sont pas aujourd'hui oubliés, même si leur usage s'impose moins dans la vie de tous les jours. Leur monde reste pour nous fascinant : ils témoignent de tout un savoir-faire disparu qui nous renvoie à des modes de vie et des valeurs oubliés. Mais leur connaissance se révèle encore indispensable dans de nombreux domaines : la pratique de la voile, de l'alpinisme, de la randonnée, de la pêche sportive par exemple demande une certaine maîtrise des nœuds. Ils seront encore bien utiles dans la vie domestique pour fixer, ficeler, empaqueter, rafistoler, raccorder, serrer…

Le monde des nœuds est si vaste qu'il est difficile de se familiariser avec chacun d'eux et de connaître leur utilisation exacte. Pour bien choisir son nœud et éviter toute déconvenue, il est indispensable de prendre en compte le type de tension (continue ou par à-coups) que subira la corde, le diamètre du lien utilisé (ficelle, cordage, etc.); il faut également se demander si l'on préfère privilégier la solidité du montage, sa facilité à être fait ou défait, son caractère permanent ou provisoire. L'aspect esthétique peut également être pris en considération : bien souvent on préférera un nœud bien fait et élégant à une attache métallique. La méthode employée différera en fonction de ces objectifs.

ÉLÉMENTS DE VOCABULAIRE

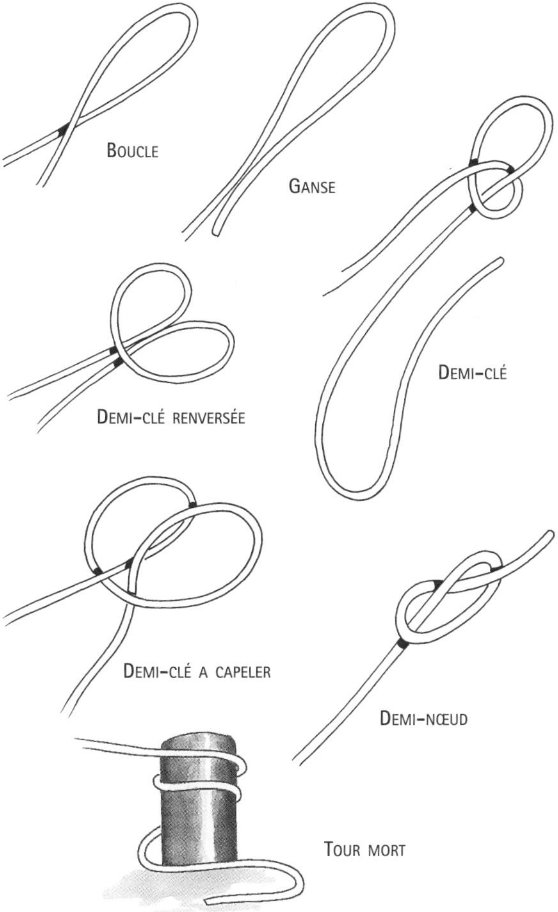

Cet ouvrage présente des montages de nœuds et leurs principales utilisations, sans être nécessairement exhaustif. Il est difficile de ranger dans des catégories bien définies tel ou tel type de nœud : leur classement restera toujours arbitraire car un nœud peut être utilisé dans des domaines variés. Si certains nœuds ne serviront qu'à amarrer un bateau à un quai, d'autres ont par contre des applications très différentes. Dans un souci didactique, le schéma simple a été privilégié par rapport au commentaire.

Sachez-le : un nœud doit être réalisé soigneusement, sans précipitation inconsidérée ; il ne faut pas oublier qu'il est souvent le garant de la sécurité. Les extrémités du cordage doivent être tirées progressivement, sans à-coups, pour rendre le serrage du nœud impeccable. Un cordage doit être bien entretenu. Il faut par exemple le lover systématiquement sur le pont d'un bateau après une manœuvre (dessin a), et vérifier son état, en particulier aux extrémités. Ces dernières sont protégées par une surliure, ligature très serrée qui évite aux torons de s'effilocher (dessin b). Si la patience est une de vos vertus, vous pouvez réaliser un œil épissé (dessin c).

COMMENTAIRE DES DESSINS A, B, C

Lover un cordage

Savoir lover un cordage exige de la méthode avant toute chose. Laissez de côté la technique qui consiste à passer le cordage entre votre coude et votre poignet, les boucles finissent toujours par se mêler les unes aux autres. Adoptez plutôt la technique présentée ici. Attention cependant, lorsque vous loverez le cordage, prenez soin de tourner celui-ci sur lui-même à chaque boucle afin d'éviter que cette dernière ne fasse un « 8 » par torsion des torons.

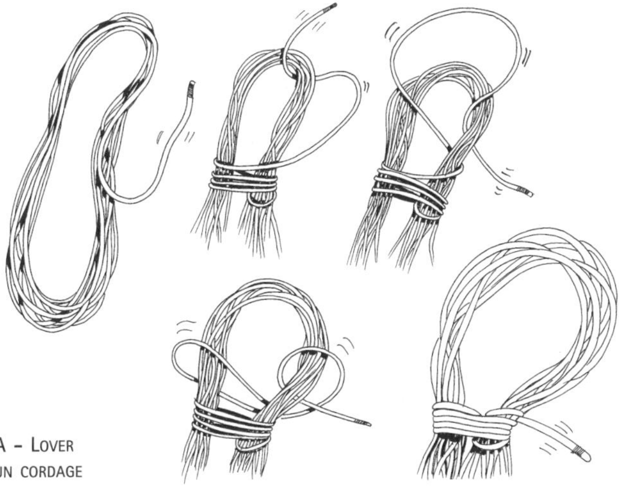

A - LOVER UN CORDAGE

La surliure

Cette ligature est réalisée à partir d'un fil à voile (prévoir une longueur d'un mètre). Procédez suivant le schéma. La longueur de la surliure doit en principe correspondre au diamètre du cordage.

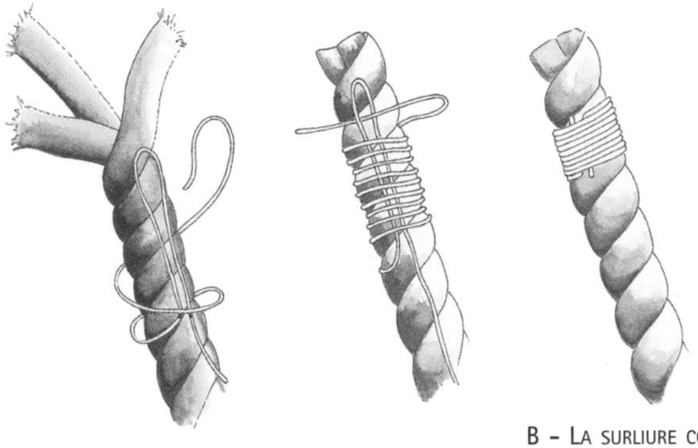

B - LA SURLIURE COURTE

L'œil épissé

L'œil épissé permet d'avoir une boucle fermée permanente à l'extrémité du cordage. On le réalise en glissant les brins sous les torons.

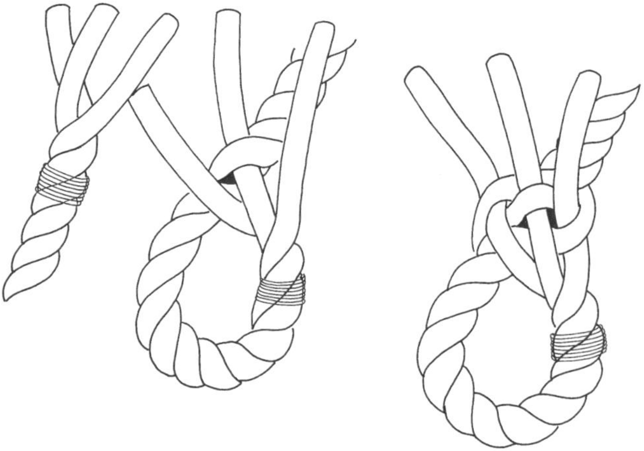

C – L'ŒIL EPISSÉ

les NŒUDS d'arrêt

Qu'ils soient simples comme le demi-nœud
ou plus élaborés comme le nœud de capucin,
les nœuds d'arrêt se sont toujours révélés
indispensables.
Le choix du nœud dépendra bien sûr
de sa fonction :

- éviter que le cordage ne file à travers la poulie ;
- bloquer les torons d'un cordage lorsque celui-ci se décommet ;
- embellir l'extrémité d'un cordage ;
- lester l'extrémité d'un cordage.

LE DEMI-NŒUD

C'est un nœud très simple à réaliser, mais qui ne donne pas entière satisfaction comme nœud d'arrêt car il manque de volume et, surtout, il est difficile à défaire lorsque le cordage est humide. Néanmoins, il est à la base de nombreux nœuds plus élaborés.

LE NŒUD DE GALÈRE (DEMI-NŒUD GANSÉ), OU NŒUD D'OISEAU OU DE TRÉSILLON

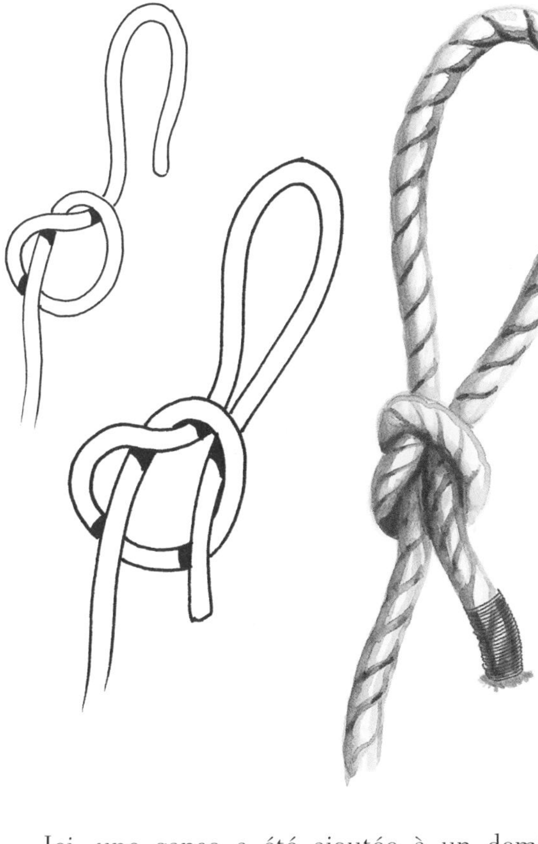

Ici, une ganse a été ajoutée à un demi-nœud. Celle-ci permettra au nœud de se défaire facilement même après une forte tension.

LE NŒUD DE HALAGE

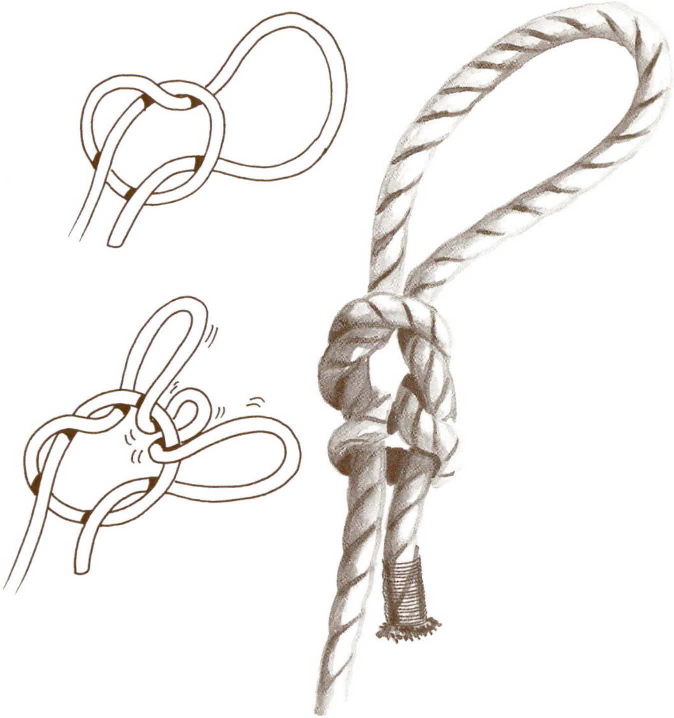

On retrouve ici le nœud de galère. La ganse aura tout simplement fait un second tour à travers le demi-nœud.

Il était autrefois utilisé par les membres d'équipage pour tirer les navires à voiles (on passait l'épaule dans la boucle).

Le nœud en « 8 » ou « nœud d'arrêt » ou nœud flamand

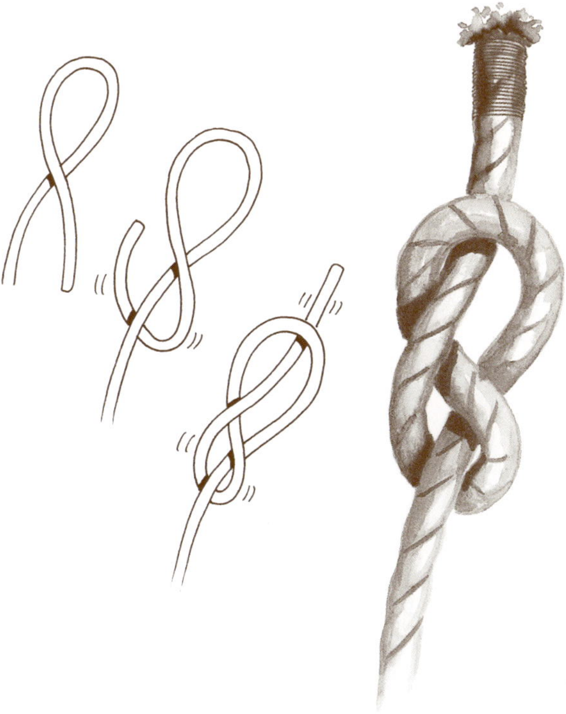

Le marin qui ne le connaît pas n'est pas digne de ce nom, d'autant plus qu'il a le mérite d'être exécuté très rapidement. Après avoir formé une boucle, contournez-la avec l'extrémité du dormant, puis faites-la ressortir à travers la boucle de départ.

LE NŒUD EN « 8 » GANSÉ

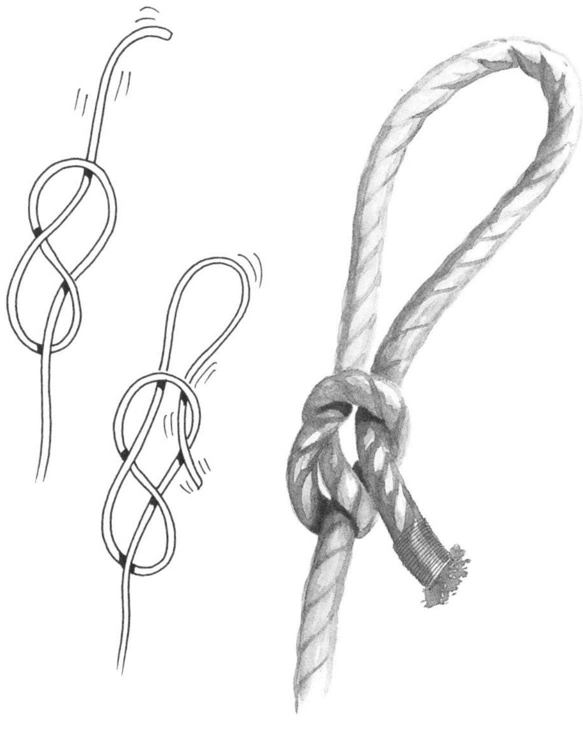

C'est une variante du nœud précédent, ici réalisée avec une ganse.

Veillez à conserver une bonne longueur à l'extrémité du cordage. Le nœud sera bloqué avec plus de facilité par la ganse.

LE NŒUD DE FRANCISCAIN

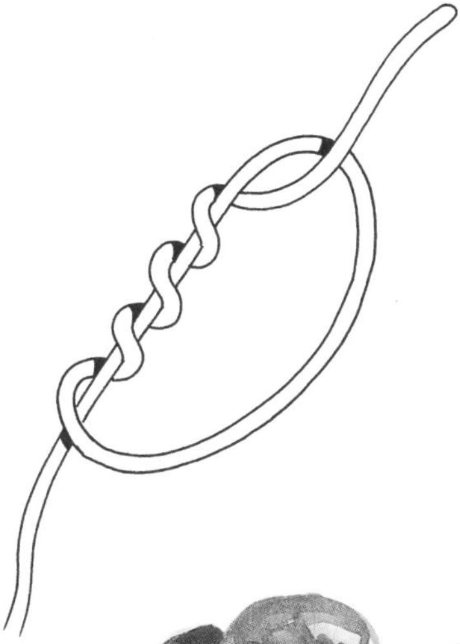

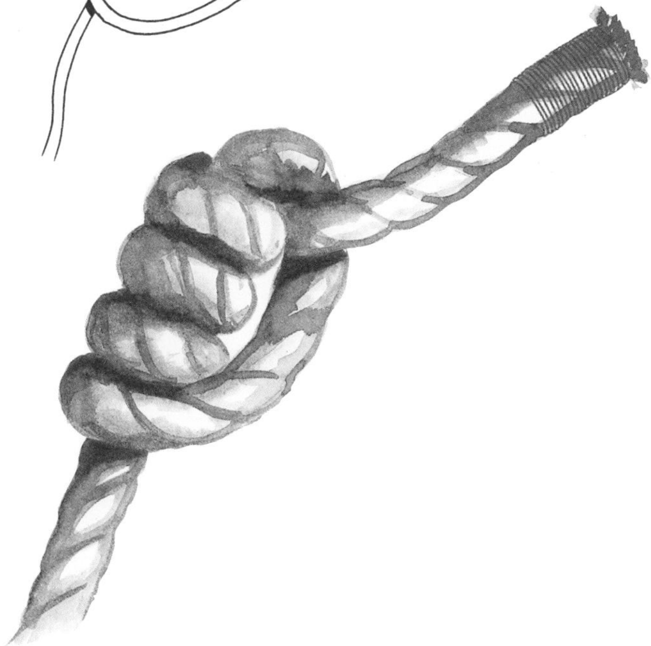

LE NŒUD DE CAPUCIN

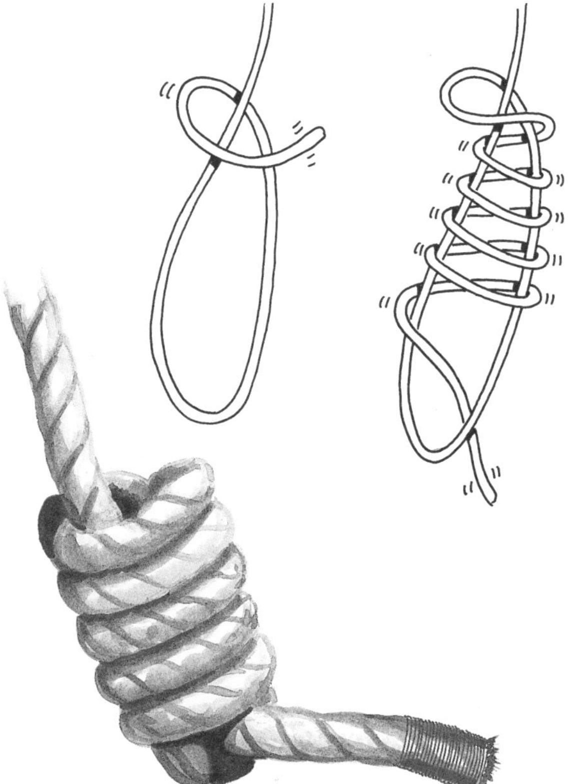

Les moines les utilisaient pour agrémenter l'extrémité de la corde qui ceinturait leur robe de bure. Ces nœuds sont très volumineux, mais ils restent cependant très esthétiques.

LE NŒUD D'ARRIMEUR

C'est une variante du nœud d'arrêt. Une demi-torsade supplémentaire est effectuée pour le rendre encore plus volumineux.

Le nœud de cul de porc

Lorsque le cordage se décommet, il est utile de connaître ce nœud. Non seulement il préserve le cordage de la destruction, mais de plus, il permet de créer une surépaisseur capable de faire office de nœud d'arrêt. On décommet les torons vers le haut puis on entremêle les ganses les unes avec les autres. Il est possible et même conseillé de renouveler l'opération une deuxième puis une troisième fois. Le nœud n'en sera que plus solide et surtout plus volumineux.

LE NŒUD DE « TÊTE DE MORE » (MAURE)

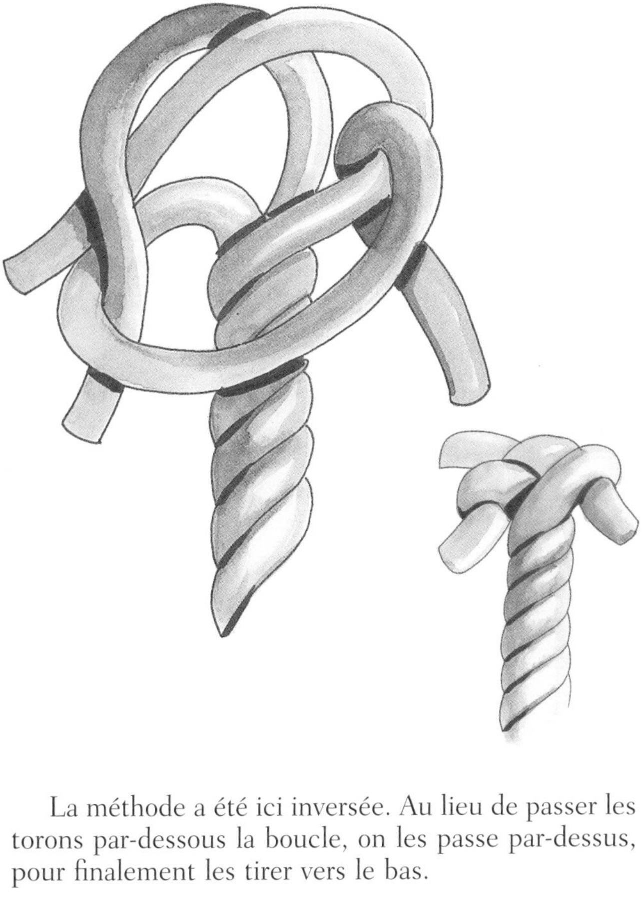

La méthode a été ici inversée. Au lieu de passer les torons par-dessous la boucle, on les passe par-dessus, pour finalement les tirer vers le bas.

LE NŒUD DE LESTAGE

Lorsqu'on désire lancer un cordage en vue d'amarrer un bateau à quai, il est bon de connaître ce nœud qui permet d'en lester l'extrémité.

les NŒUDS d'ajut

AJOUTER UN CORDAGE À UN AUTRE

Les nœuds qui permettent
d'ajouter (ajut) un cordage à un autre
sont suffisamment nombreux
pour que vous trouviez celui qui vous
conviendra exactement.
Vous le choisirez selon
sa fonction, le diamètre des cordages
employés, la résistance à la traction
et, bien sûr,
son aptitude à être facilement défait.

LE NŒUD PLAT OU NŒUD DROIT

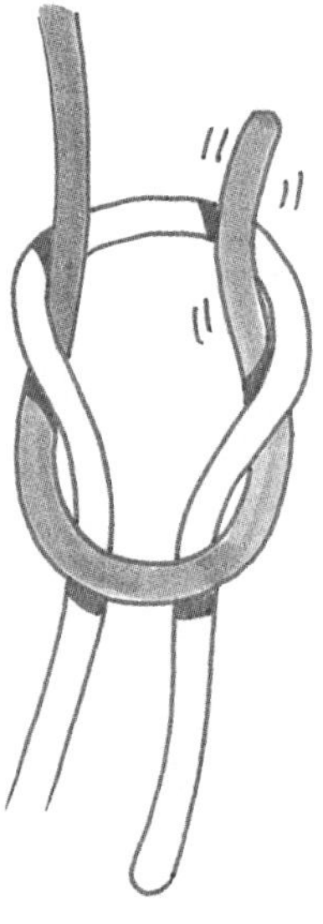

C'est le nœud élémentaire qui vient tout de suite à l'esprit lorsqu'il faut relier provisoirement deux cordages. Mais il est peu fiable car glissant sur certains cordages. S'il a été serré trop fortement, il est difficile à défaire. Lors du montage, vérifiez que les extrémités des deux cordages sortent du même côté.

LE NŒUD DE VACHE OU NŒUD D'AJUT

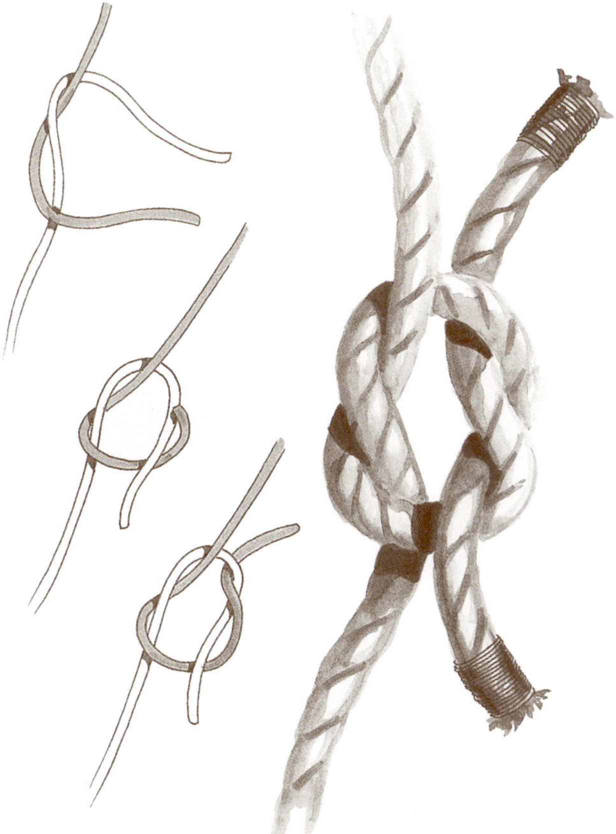

C'est le nœud inutile par excellence. En règle générale on le réalise en ratant le nœud plat !

LE NŒUD DE RIS (NŒUD PLAT OU DE VACHE GANSÉ)

Le nœud plat se défait assez difficilement pour peu qu'il ait été trop serré au cours d'une manœuvre. On lui préférera alors le nœud de Ris : il suffira de tirer sur le courant de la ganse pour libérer l'ensemble.

LE NŒUD DE CARRICK

Ce nœud a toujours suscité de l'intérêt par sa beauté. L'entrecroisement dessus-dessous des brins est à la base de cette combinaison qui trouve une application dans la réalisation de paillassons (il faut alors multiplier les passages dans les boucles).

FIGURE EN « 8 » OU DOUBLE NŒUD EN « 8 »

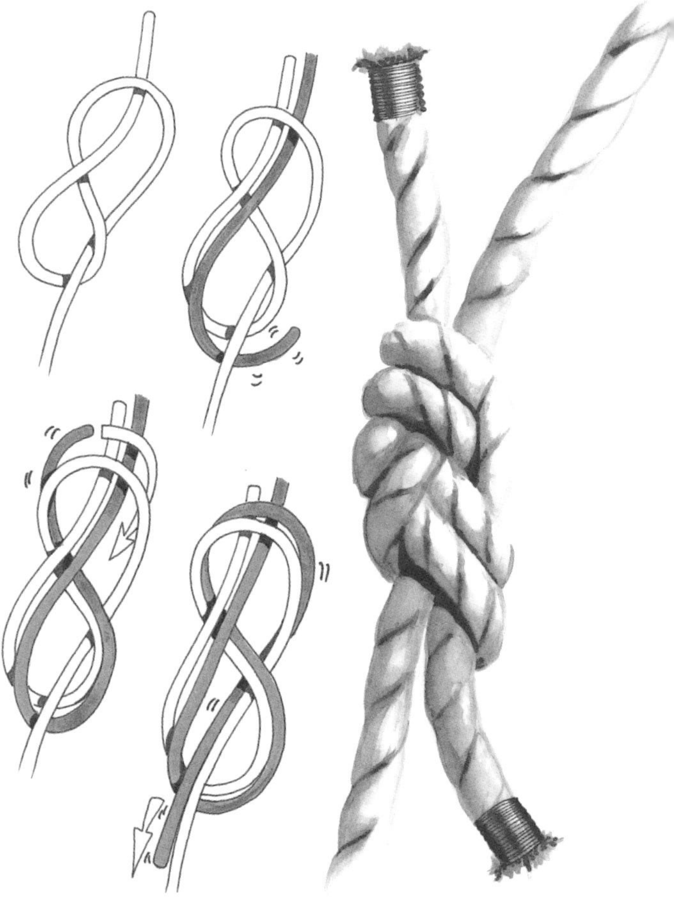

Ici, on reprend la formule de montage du nœud en huit (p.13). Serrez-le progressivement de manière à éviter les chevauchements des boucles.

LE NŒUD DE PÊCHEUR – SIMPLE

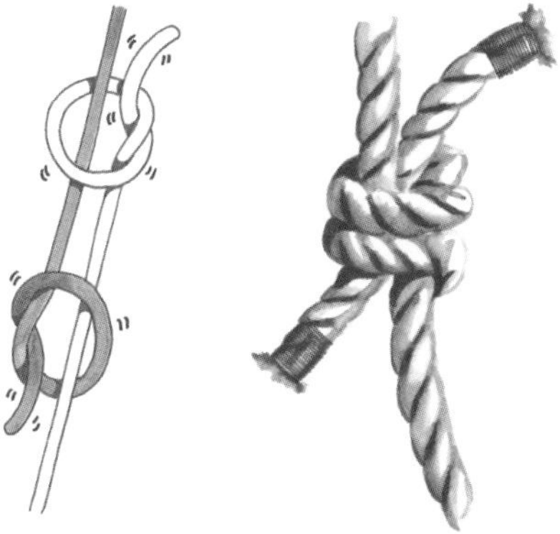

LE NŒUD DE PÊCHEUR – DOUBLE

C'est un nœud très intéressant car il permet de réunir deux cordages de diamètres différents.

Les demi-nœuds qui le composent devront être bien serrés, et il faut veiller à conserver par sécurité une bonne longueur aux extrémités.

Le nœud d'écoute simple (ou de filet)

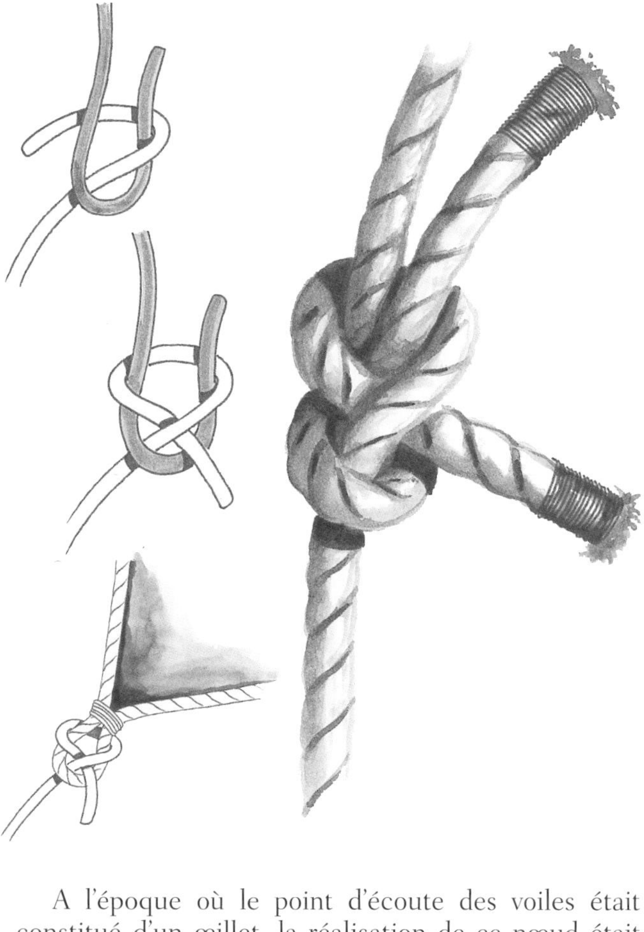

A l'époque où le point d'écoute des voiles était constitué d'un œillet, la réalisation de ce nœud était systématique, en particulier dans sa version double.

LE NŒUD D'ÉCOUTE DOUBLE

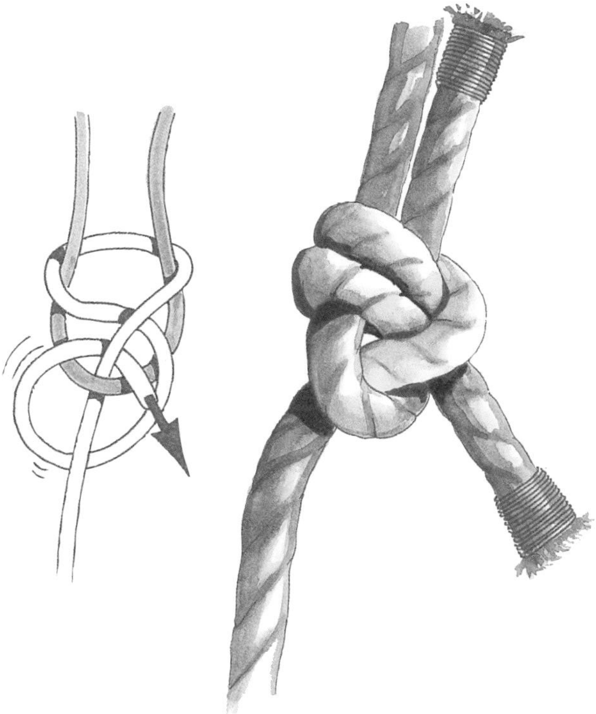

Par cette variante, les risques de glissement sont écartés (néanmoins les cordages doivent être maintenus sous tension).

Très pratique, ce nœud gagne à être utilisé lorsqu'on désire réunir deux cordages de diamètres différents (le plus gros cordage forme la ganse de départ et le plus petit, le nœud lui-même).

LE NŒUD D'ÉCOUTE GANSÉ

Le nœud d'écoute est ici terminé par une ganse. Quelles que soient les variantes de ce nœud, il n'est pas sans rappeler le nœud de tisserand.

LE NŒUD D'AGUI

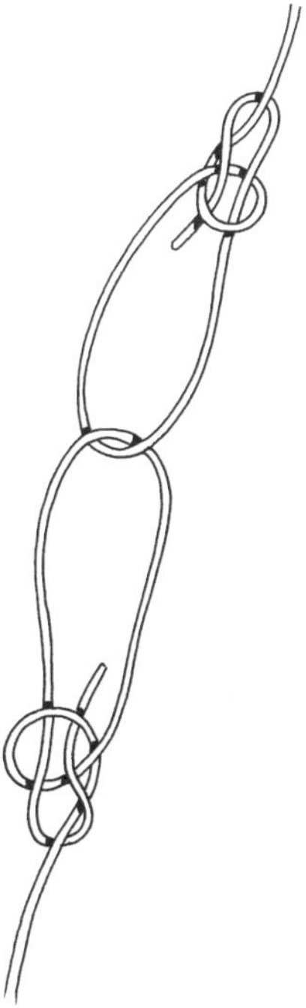

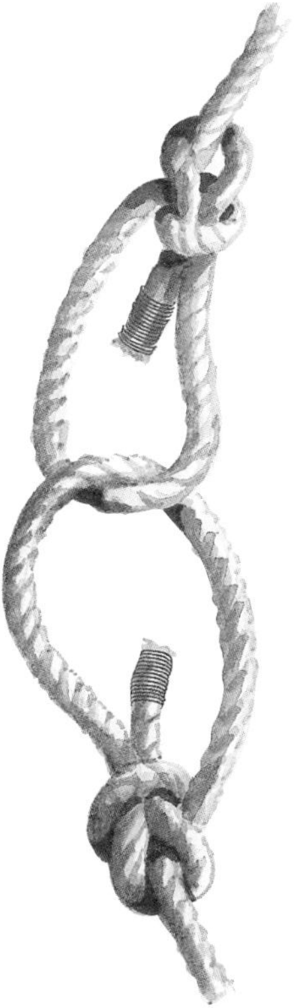

Le nœud d'agui n'a pas l'inconvénient de se défaire à la suite des à-coups répétés sur les cordages d'un bateau au mouillage. Il ne glisse pas, mais en revanche il est assez volumineux, c'est le moins que l'on puisse dire. Il faut tout simplement réaliser deux nœuds de chaise (voir le nœud de chaise p. 46), dont les boucles sont passées l'une dans l'autre.

LE NŒUD DE CHIRURGIEN OU « SURGEON'S KNOT » OU NŒUD D'EAU

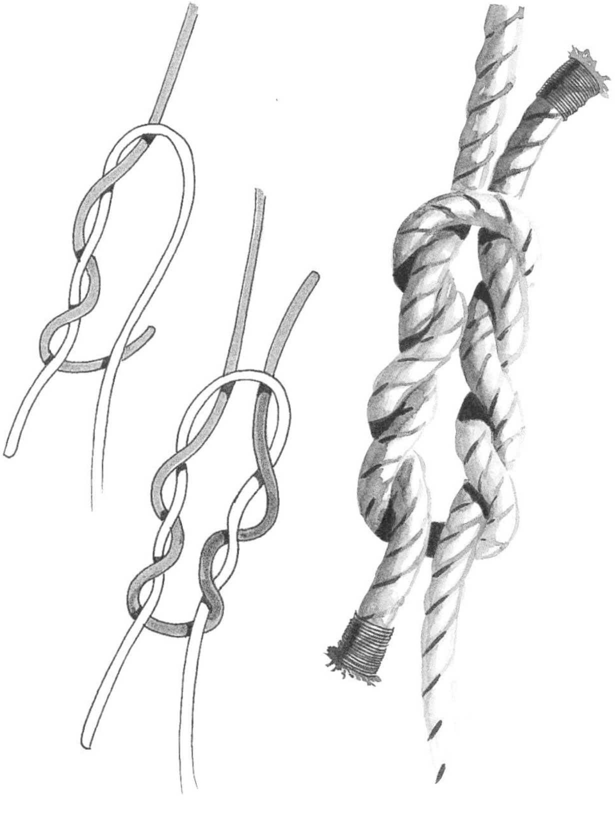

Sa fonction originelle est inscrite dans son nom, mais on peut aussi utiliser ce nœud sur des cordages de faible diamètre.

AJUT SUR NŒUD DE BOIS

Facile à monter, ce nœud se révèle efficace sur des cordages de même diamètre.

LE NŒUD DE GABIER

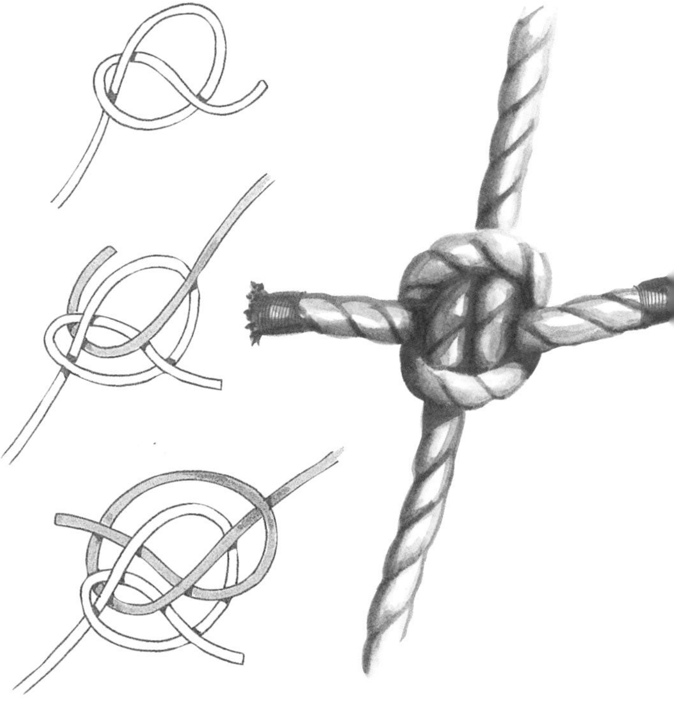

De conception récente, ce nœud repose sur deux nœuds simples qui se croisent. Evitez de le serrer brusquement. Comme c'est souvent le cas pour bon nombre de nœuds, le serrage progressif est primordial. Sinon le nœud final ne ressemblera en rien au résultat espéré !

LE NŒUD DE VOLEUR

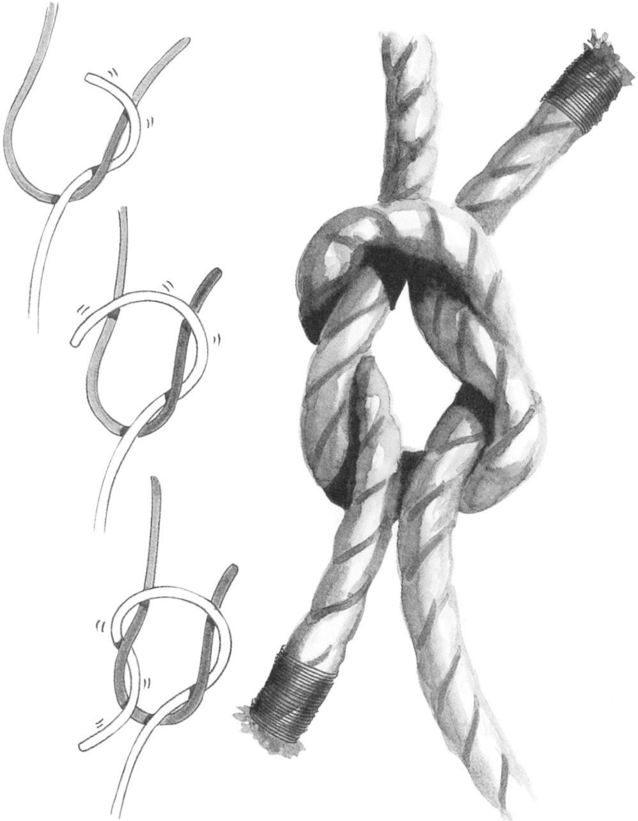

Il ressemble à s'y méprendre au nœud plat, mais attention, ici les extrémités des cordes sont opposées. Du coup il ne se bloque pas. Peut-on faire confiance de toute façon à un voleur ?

LE NŒUD DE VOLEUR MODIFIÉ

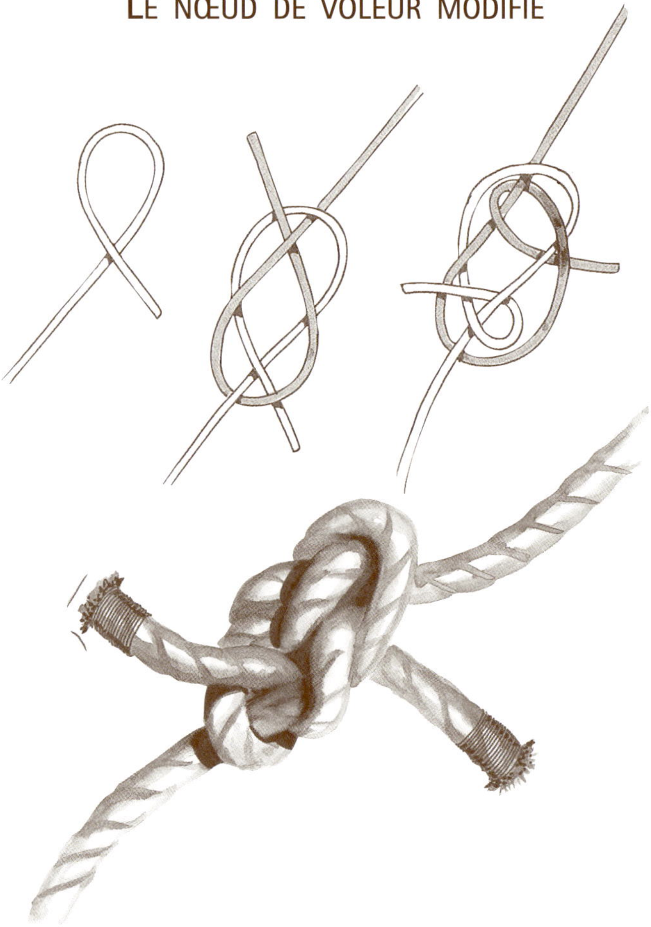

Pour bloquer le nœud de voleur, il faut entrecroiser les extrémités des deux cordages puis serrer le tout progressivement.

LE NŒUD EN « 8 » COULISSANT

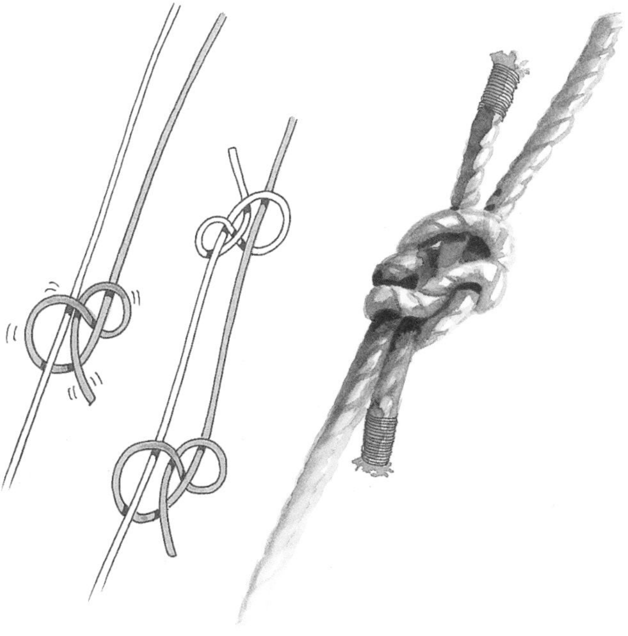

Encore un nouvel exemple de nœud basé sur la combinaison de deux nœuds simples, c'est-à-dire le nœud en « 8 ».

Ici, le cordage opposé sera passé à l'intérieur de la plus grande boucle. Serrez les nœuds les uns après les autres et faites-les glisser pour aboutir au blocage final.

Le nœud de Rosendahl (ou nœud Zeppelin)

Ce nœud est assez long à réaliser, mais sa grande solidité le justifie : il avait été conçu au départ pour amarrer le dirigeable. C'est une référence ! Même après une forte tension, il est possible de le dénouer sans trop de difficulté.

les NŒUDS d'amarrage

S'amarrer est sans doute
l'un des grands soucis du marin ;
dans des conditions difficiles l'opération
peut être délicate. Aussi, la rapidité
et la solidité du montage doivent être
privilégiées aux dépens
de l'improvisation et de la fantaisie.
Il en est de même généralement pour
tous les nœuds, marins ou non, qui visent
à accrocher un point fixe quelconque.
Le nœud mis en œuvre dépendra
le plus souvent de la nature du cordage
et de son utilisation (amarrer, tracter,
soulever, saisir un objet...).

TOUR MORT ET DEUX DEMI-CLÉS

C'est le montage le plus pratique lorsqu'on a à amarrer son bateau sur un point fixe : une bitte d'amarrage, un anneau de quai, le barreau d'une échelle...

Faites un tour mort pour plus de sécurité avant de réaliser deux demi-clés (en fait des demi-nœuds) sur le dormant.

DEUX DEMI-CLÉS EN DOUBLE

C'est une variante du nœud précédent avec un doublement du cordage. Il est utile lorsque la longueur de l'amarre est trop importante, mais cependant il est risqué pour son manque de fiabilité. A éviter si possible!

LE NŒUD DE CABESTAN (DEUX DEMI-CLÉS À CAPELER) SUR UNE BITTE D'AMARRAGE

(point fixe présentant une extrémité libre)

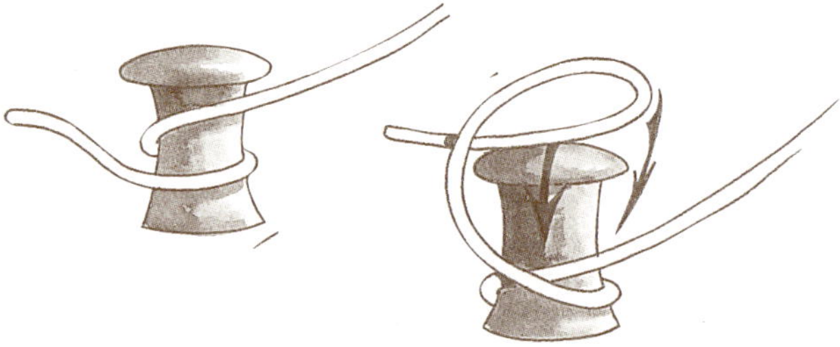

Formez une boucle que vous faites glisser le long de la bitte d'amarrage, puis réalisez une seconde boucle dans le sens opposé à la première. Il ne reste plus qu'à ceinturer la première avec la seconde et le tout se bloque. Assurez l'ensemble par une ou deux demi-clés sur le dormant.

LE NŒUD DE CABESTAN (DEUX DEMI-CLÉS À CAPELER)

SUR UN ANNEAU OU LE BARREAU D'UNE ÉCHELLE

Il faut bien sûr que le cordage passe autour de l'anneau et se croise sur lui-même.

Le nœud de cabestan double

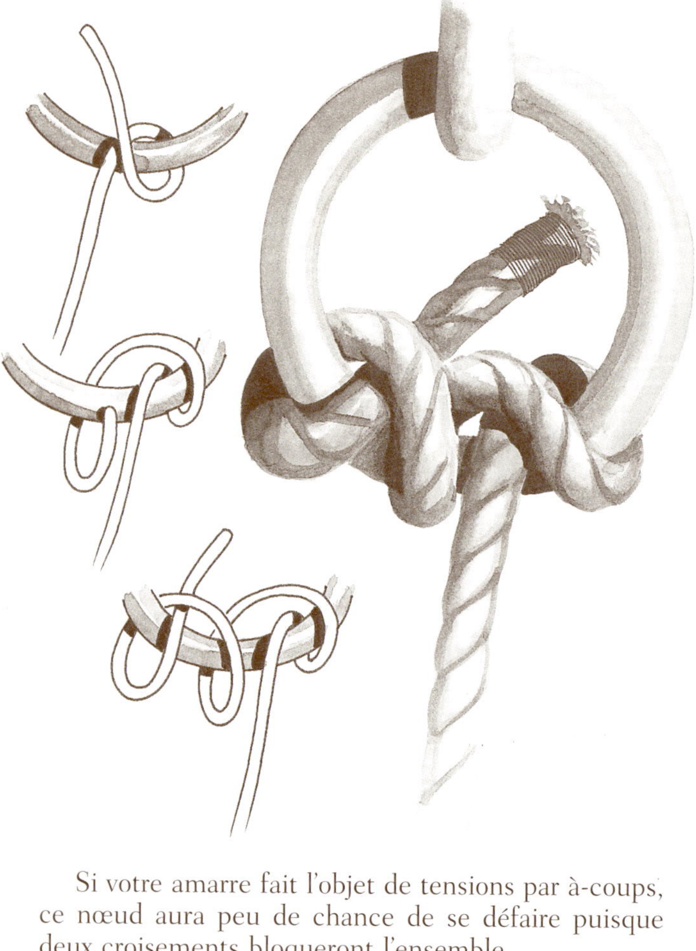

Si votre amarre fait l'objet de tensions par à-coups, ce nœud aura peu de chance de se défaire puisque deux croisements bloqueront l'ensemble.

DEMI-CLÉ RENVERSÉE (TÊTE D'ALOUETTE)

Idéale lorsque les deux brins doivent être mis sous tension, ou pour soulever une charge, cette méthode était autrefois en usage au moment de l'embarquement des provisions à bord des navires.

LE NŒUD DE CHAISE

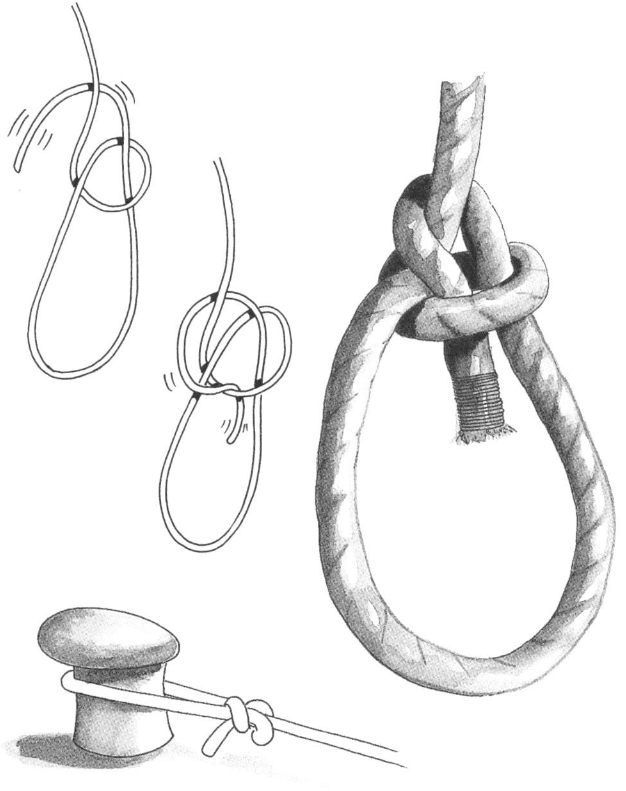

Reconnu comme l'un des meilleurs nœuds pour sa fiabilité (la boucle ne glisse pas), sa gamme d'utilisation est très large. Sa maîtrise exige néanmoins un peu d'habitude, mais une fois acquise, ce nœud vous rendra les plus grands services.

LE NŒUD DE GRAPPIN (OU NŒUD D'ANCRE, OU NŒUD D'ÉTALINGURE)

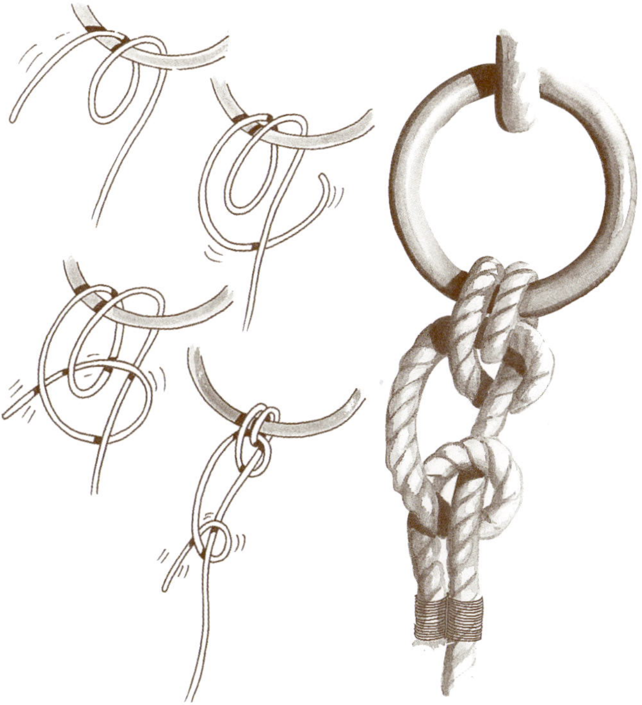

Il est souvent utilisé pour sa grande solidité. Au moment du montage il ne faut pas serrer le tour mort de départ afin de permettre le passage de la première demi-clé. Ce nœud est très difficile à défaire surtout s'il a subi une forte tension alors que le cordage était humide.

LE NŒUD DE BOSSE (OU NŒUD DE FOUET)

A l'origine destiné à frapper ou « fouetter » un petit cordage sur un autre de diamètre plus large, il est largement utilisé par ailleurs pour sa capacité à coulisser et à se bloquer.

AUTRE NŒUD D'AMARRAGE

Voici un nœud d'amarrage plus élaboré qui permet lui aussi de frapper un cordage sur un autre. Les croisements réguliers des boucles ajoutent ici un effet décoratif très appréciable.

Le nœud de bois (ou nœud d'anguille)

Ne ressemble-t-il pas effectivement à une anguille se tortillant au sol ? Il est surtout pratique pour soulever une lourde pièce de bois.

NŒUD DE BOIS AVEC DEMI-CLÉ

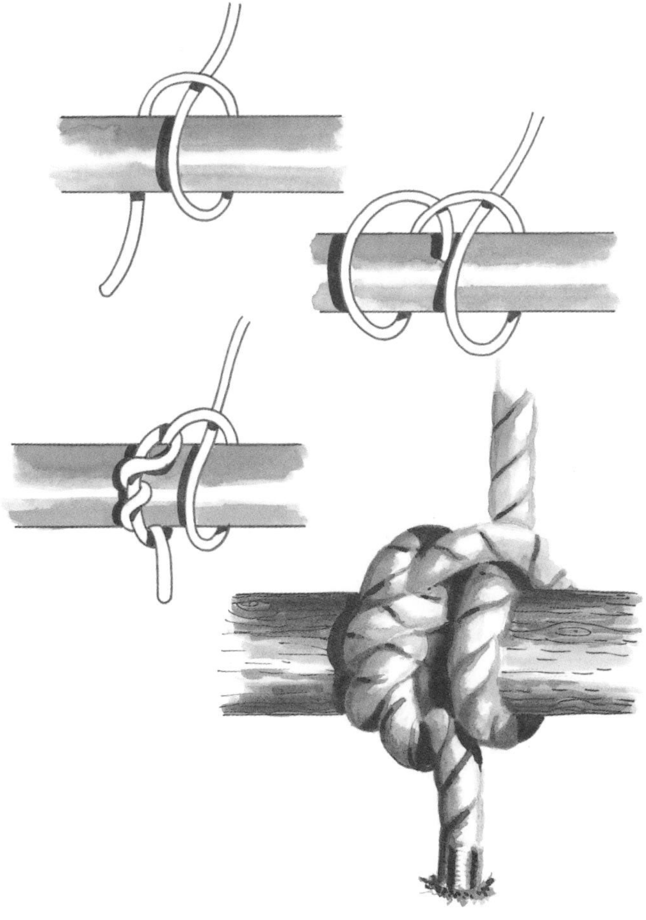

Ici le même montage que le nœud précédent à ceci près qu'une demi-clé vient renforcer l'ensemble.

LE NŒUD DE BRIGAND

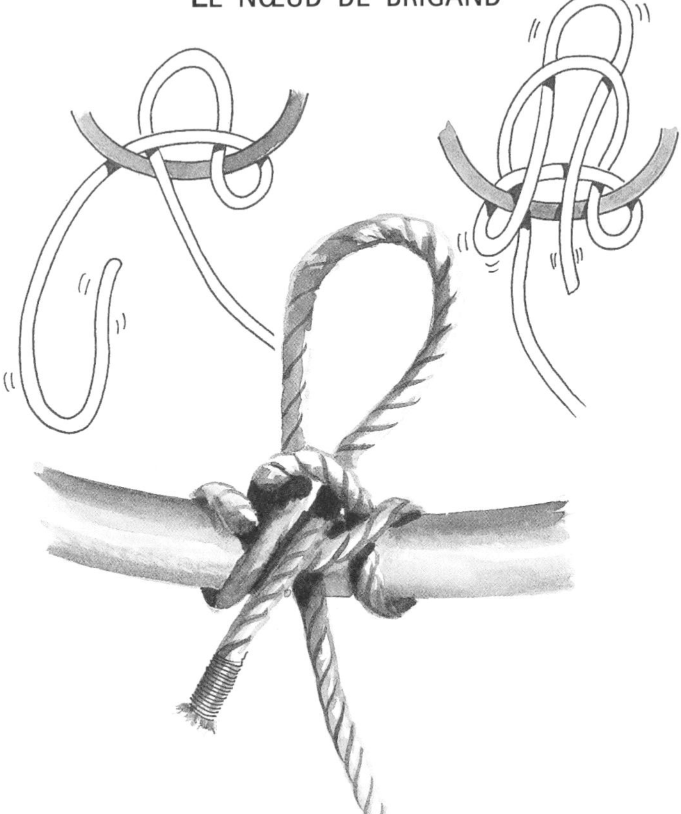

Lorsque vous avez à attacher provisoirement une petite embarcation à un anneau ou au barreau d'une échelle, il vous rendra service. C'est la ganse qui maintient le nœud. Il suffit pour la défaire de tirer sur le brin libre.

LE NŒUD DE DRISSE

En voile, lors d'une manœuvre, le temps vous est toujours compté. Ce nœud est tout aussi facile à faire qu'à défaire. Pour le larguer tirez un coup sec sur le brin libre.

NŒUD « HALYARD BEND »

Ce nœud, assez méconnu, permet de tendre efficacement un petit cordage. Le brin libre est glissé sous le premier tour mort en tirant d'un coup sec sur la partie tendue.

LE NŒUD DE TAQUET

Ici le cordage est amarré à un taquet. Il existe quantité de méthodes d'amarrage sur ce type de point fixe, mais autant se conformer à une technique simple afin d'éviter les mauvaises « surprises » au moment de larguer d'urgence un cordage. Evitez de surcharger votre nœud de tours morts supplémentaires !

LE NŒUD D'ATTACHE

Voici un nœud passe-partout, facile dans sa mise en place et pratique dans ses applications. Cependant il faut, pour le bloquer, conserver une certaine tension dans le cordage. Pour plus de sécurité on adoptera sa version renforcée (nœud suivant).

LE NŒUD D'ATTACHE RENFORCÉ

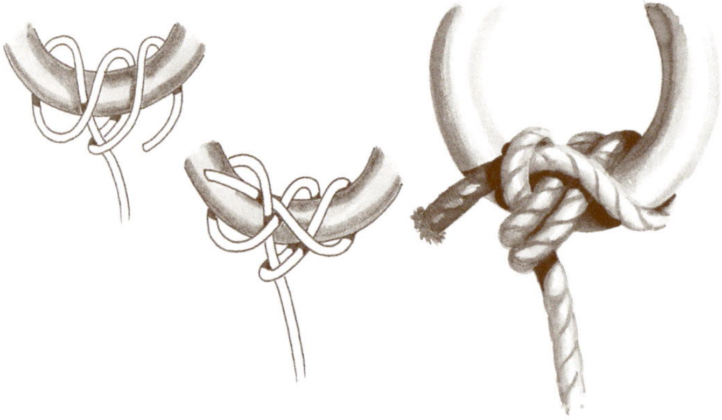

Le nœud de croc

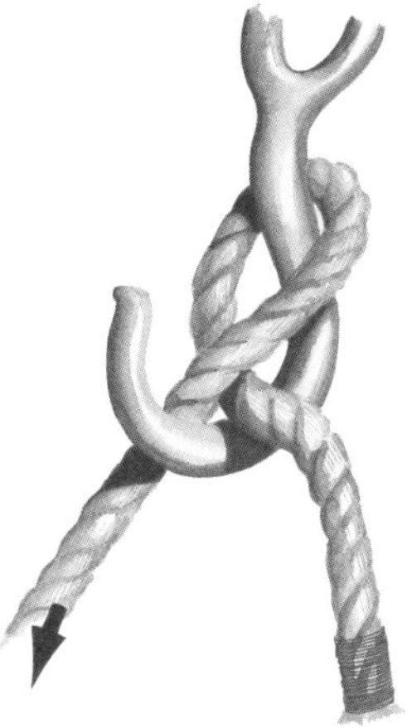

Le nœud de croc double

C'est un nœud d'attache sur le croc d'un palan. Avant de soulever la charge, le dormant doit être bien tendu pour bloquer le nœud. Sitôt que l'on relâche la tension, il se défait, peut-être même avec trop de facilité. On aura sans doute davantage confiance dans le nœud auquel on aura rajouté des tours morts sur le croc.

LE NŒUD DE PALAN

LE NŒUD DE GRIFFE

Ce sont d'autres variantes de nœuds sur croc de palan.

Le nœud de gueule de raie

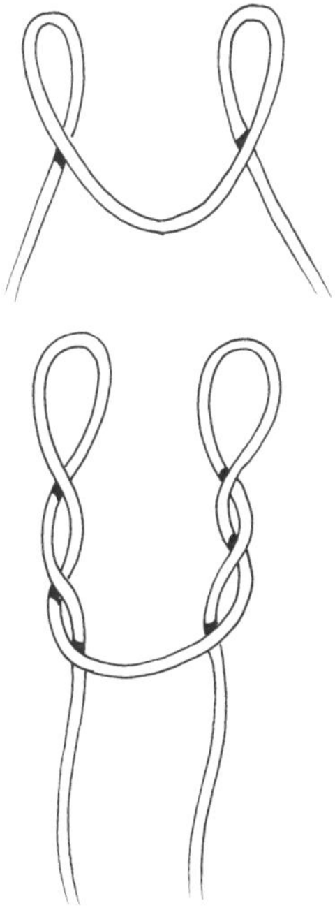

Ce nœud, qui ne se bloque jamais après utilisation, tient fermement sur le croc. Mais, à la différence des nœuds précédents, les deux brins doivent être sollicités en même temps au moment de la traction. Sinon, il se défait de manière déconcertante. Il est surtout destiné à soulever de lourdes charges.

LE NŒUD DE GUEULE DE LOUP

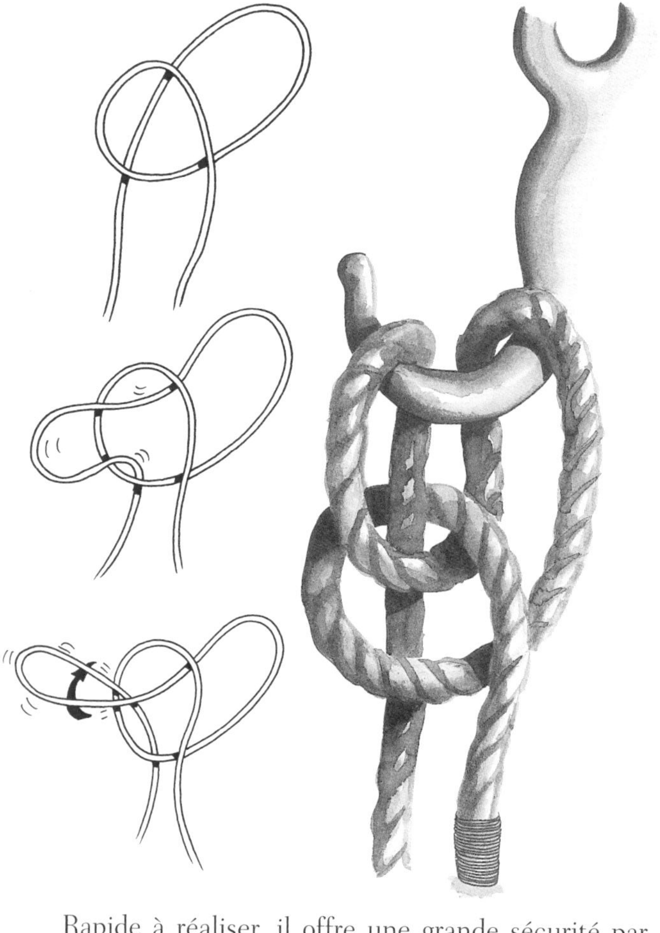

Rapide à réaliser, il offre une grande sécurité par son blocage lors de la tension des brins.

AIGUILLETAGE SIMPLE

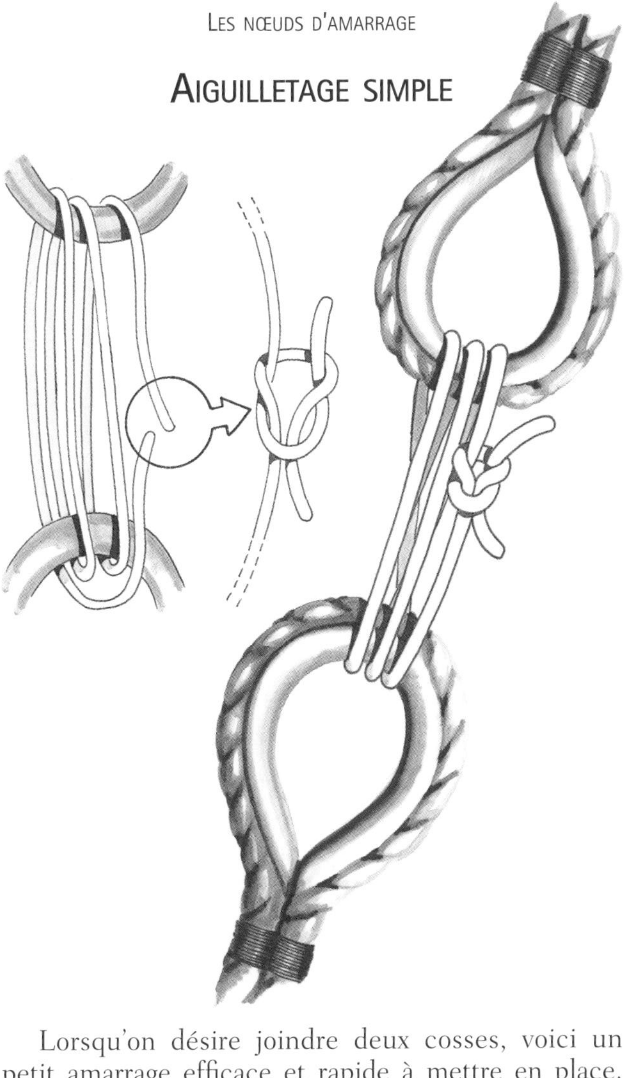

Lorsqu'on désire joindre deux cosses, voici un petit amarrage efficace et rapide à mettre en place. C'est un nœud plat qui vient terminer l'ouvrage.

AIGUILLETAGE EN PORTUGAISE

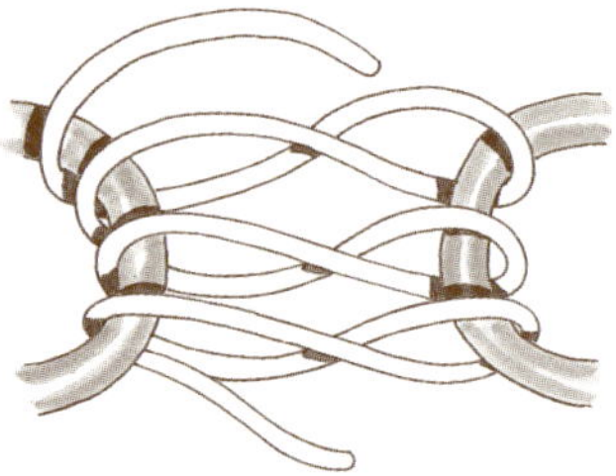

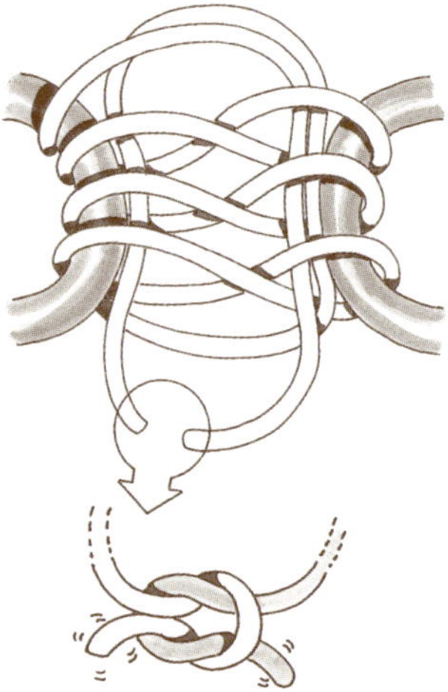

Le montage est ici un peu plus élaboré. Il repose sur un entrecroisement en huit du brin à nouer. Finir par un nœud plat comme pour le nœud précédent.

LE NŒUD DE BATELIER

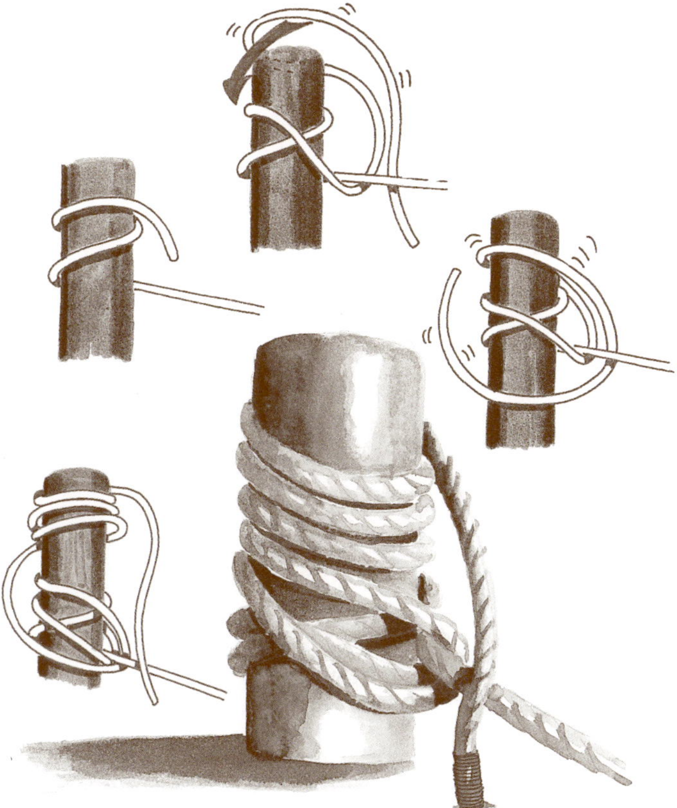

Ce nœud est recommandé pour sa fiabilité et sa solidité, car il fera aussi bien l'affaire lorsque l'on voudra tracter une lourde charge qu'au moment d'amarrer un bateau à quai.

NŒUD DE RABAN DE CUL

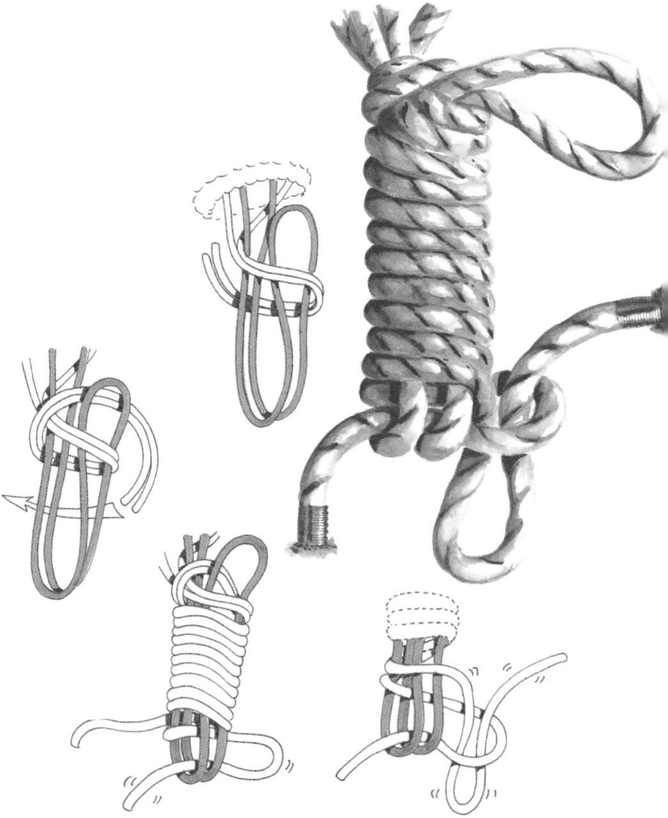

Une fois hissé sur le pont du bateau de pêche, le fond du chalut, sur lequel s'exerce une pression extraordinaire, doit s'ouvrir sans difficulté : un marin saisit alors le brin libre du nœud et d'un coup sec libère le filet de son fardeau.

pour raccourcir un CORDAGE ou isoler une USURE

Faites appel à ces combinaisons
très fiables si vous voulez raccourcir
un cordage jugé trop long ou isoler
une section dangereusement usée.
Ces nœuds vous éviteront
de sectionner le cordage,
décision définitive,
donc souvent délicate à prendre.

LE NŒUD DE PLEIN POING

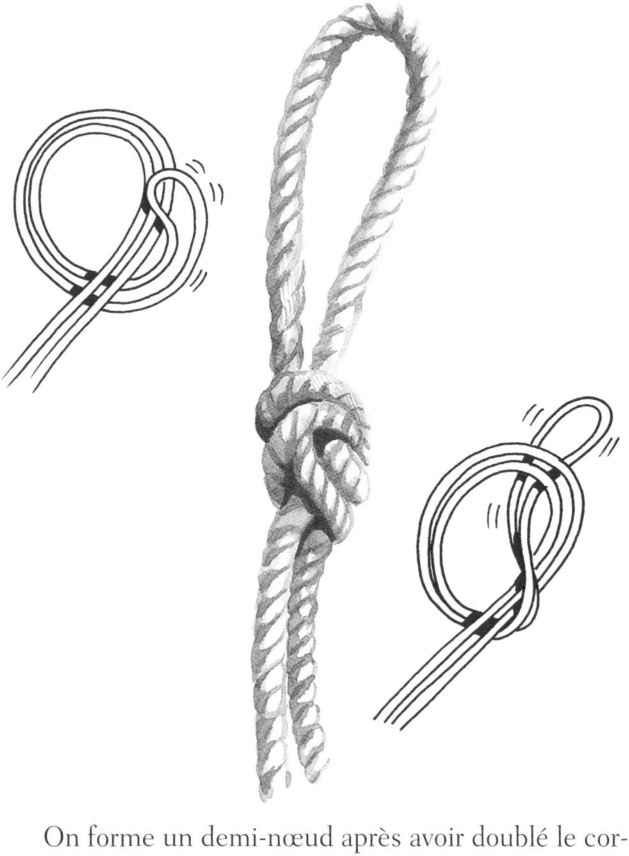

On forme un demi-nœud après avoir doublé le cordage. L'avantage de ce montage est qu'il permet de raccourcir la longueur du cordage. Malheureusement, si la tension a été très forte, il est difficile à défaire.

LE NŒUD DE JAMBE DE CHIEN

Ici les deux ganses resteront bloquées tant que la traction se maintiendra. Si l'on désire rendre ce nœud provisoire à l'origine, permanent par la suite, mieux vaut alors fixer les deux boucles sur les courants au moyen d'une ligature (génope).

LA CHAÎNETTE ANGLAISE

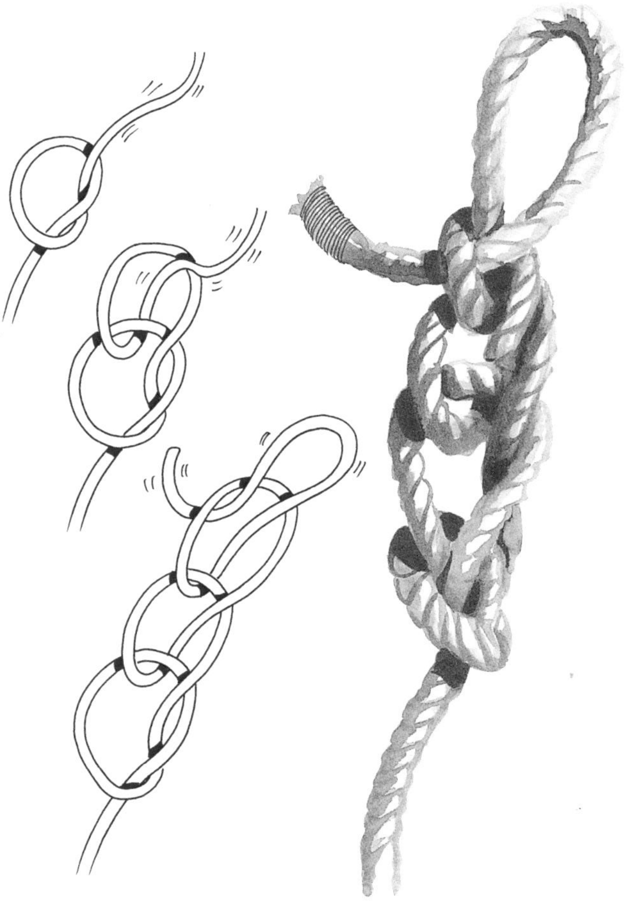

De toute évidence ce nœud est aussi plaisant à regarder que pratique dans son utilisation. Et pour le défaire, il suffit de tirer sur le brin laissé libre.

LE NŒUD « X »

Il se rapproche bien sûr du nœud de jambe de chien, mais ici les deux points de serrage sont constitués par des demi-nœuds. A la tension ces derniers se bloquent, rendant l'ensemble plus difficile à défaire.

Le nœud de capelage

Cet assemblage de boucles raccourcit considérablement la longueur d'un cordage (croisement de deux demi-clés à capeler).

les NŒUDS à boucle

C'est une catégorie de nœuds
qui comprend de nombreux modèles
aussi différents les uns que les autres
dans la manière de les réaliser.
La présence d'une boucle chez chacun
d'entre eux est leur point commun.
Ils vous conviendront dans de nombreuses
applications qui vont de l'amarrage
classique à la levée d'une charge.

LE NŒUD DE CHAISE DOUBLE (OU NŒUD DE CALFAT)

Si vous avez besoin de vous hisser en tête de mât pour accomplir un travail, ce nœud vous sera utile. On réalise une deuxième boucle après avoir fait le nœud de chaise. Les deux boucles ainsi formées serviront de point d'appui, la première boucle faisant office de siège, la seconde de dossier.

Le nœud de chaise double sur son double

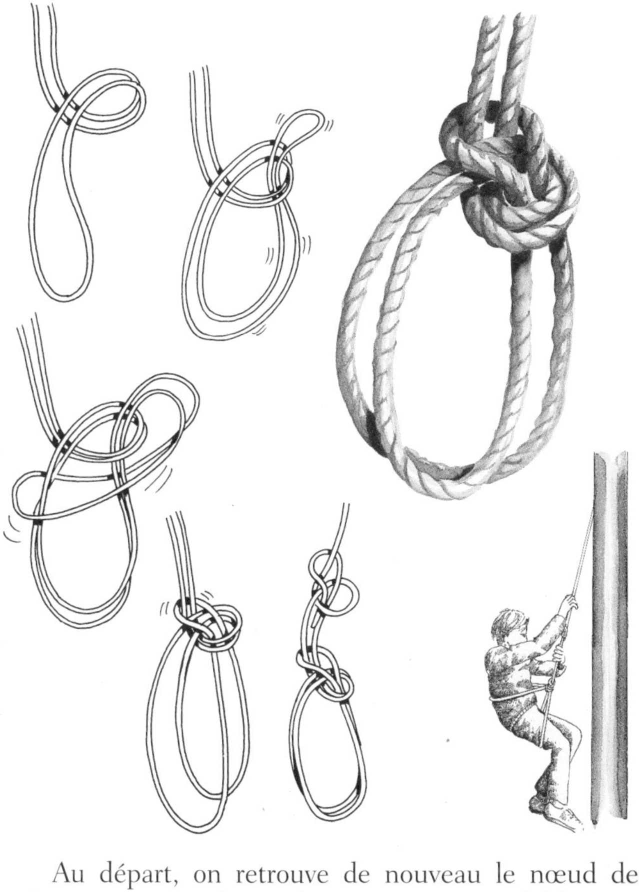

Au départ, on retrouve de nouveau le nœud de chaise, mais ici le cordage aura été préalablement doublé.

VARIANTE DU NŒUD DE CHAISE DOUBLE

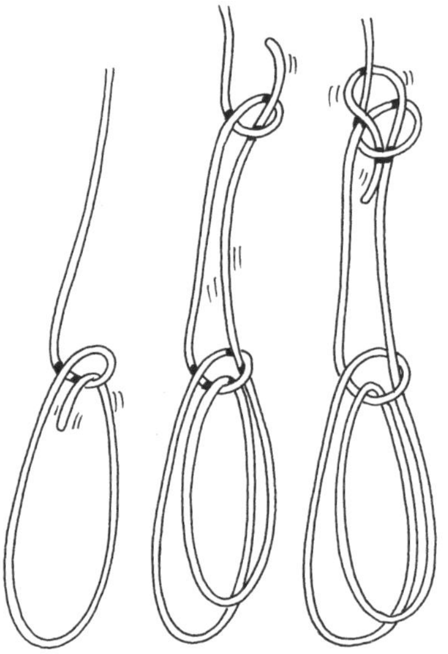

L'ŒIL DE PÊCHEUR

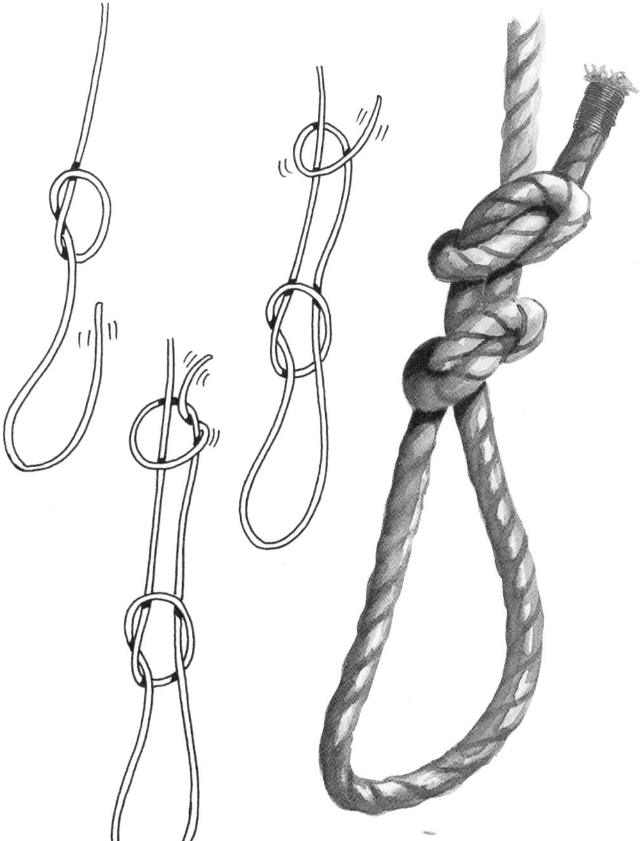

Connu des pêcheurs pour sa solidité, il est peu utilisé par ailleurs, alors qu'il pourrait raccourcir efficacement un cordage ou servir d'amarre provisoire.

LE NŒUD DE LAGUIS

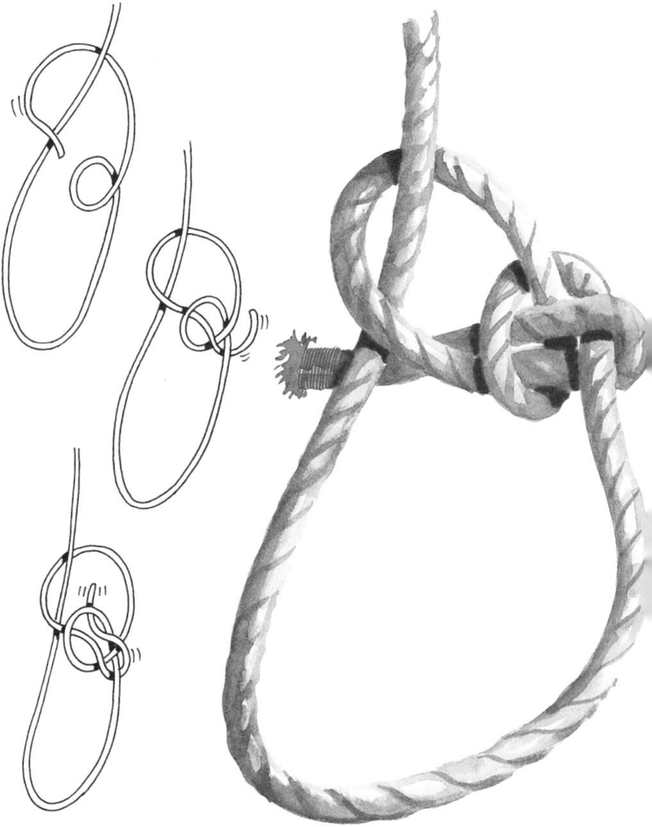

Voici un nœud de chaise qui coulisse sur son dormant. Ce nœud coulant peut se révéler très utile en toute occasion.

Le nœud du pendu

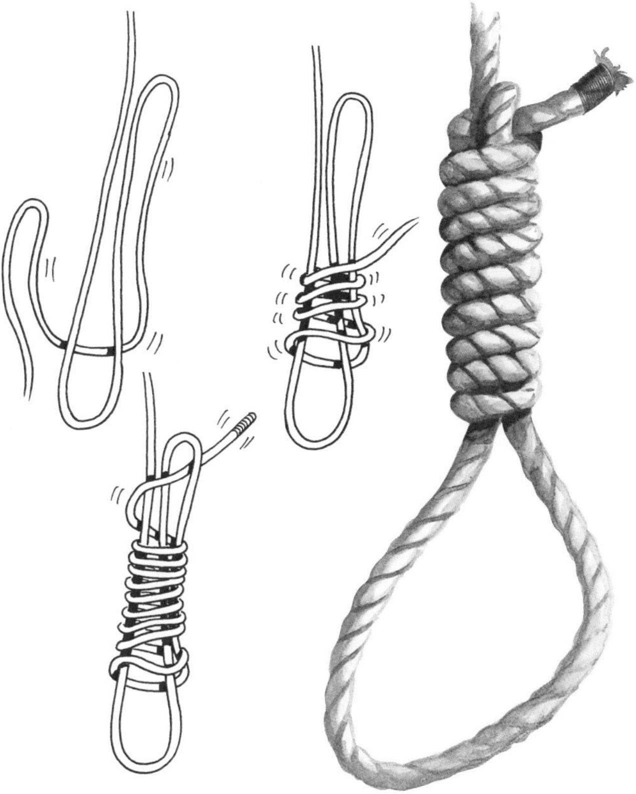

Ce nœud ne laisse jamais indifférent, pour sa sinistre notoriété tout d'abord, puis pour la régularité de ses lignes ensuite. Il reste intéressant pour sa solidité à toute épreuve (il ne se défait pas même si la corde subit des à-coups).

Nœud coulant en « 8 »

Autre nœud coulant plus rapide à mettre en œuvre que le nœud du pendu ; cependant, il est moins esthétique !

LE NŒUD DE BOULINE OU NŒUD D'ÉTALINGURE

Si on a affaire à un cordage de fort diamètre, il s'avère impossible de réaliser un des nœuds à boucle cités précédemment. Il convient alors de choisir ce nœud de bouline. L'extrémité du cordage est fixée au tour mort au moyen d'une ligature.

AMARRAGE EN ÉTRIVE

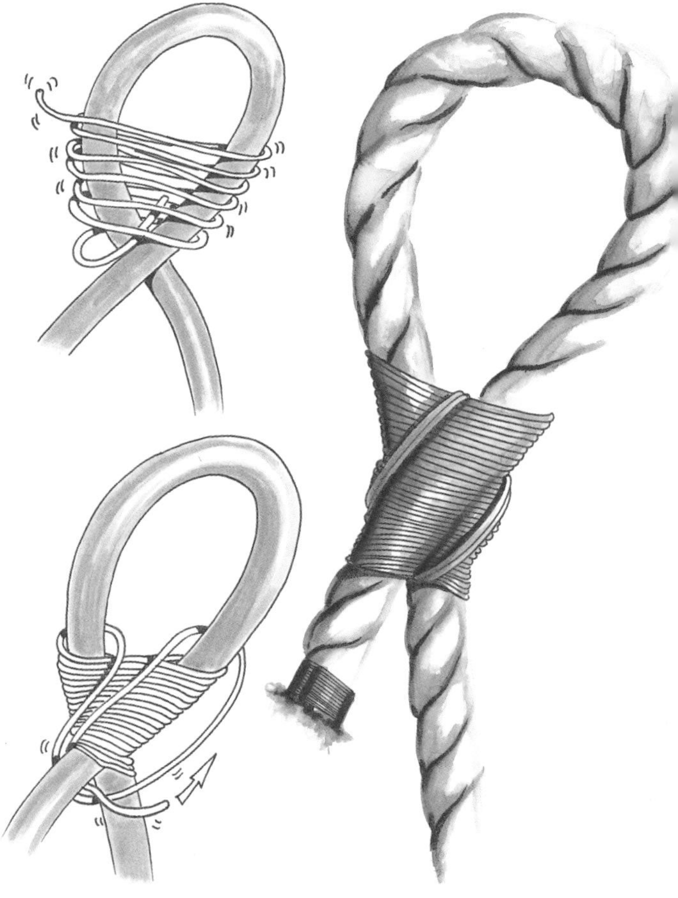

La boucle croisée est maintenue fermement par un petit amarrage.

Amarrage plat

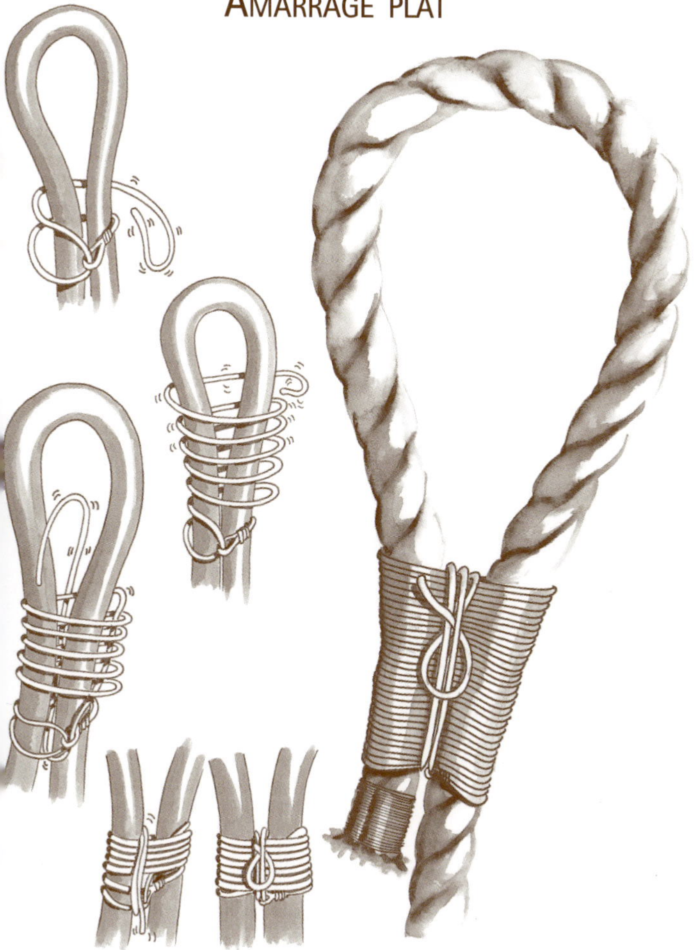

Deux ou trois tours morts viennent ici perpendiculairement brider l'amarrage.

LE NŒUD D'AMOUREUX

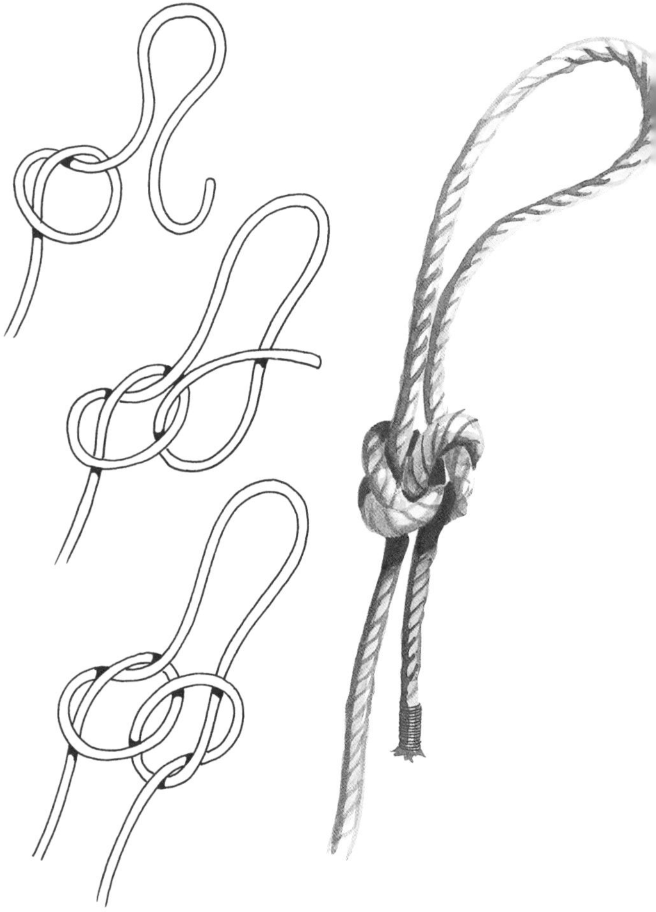

Il est destiné avant tout à suspendre un objet au bout d'une petite corde.

NŒUDS de montagne NŒUDS de sauvetage

Le contenu du chapitre
qui suit tend à prouver que
la confection des nœuds n'est
pas l'exclusivité de l'univers maritime.
Les nœuds présentés ici
réunissent ceux qui sont en usage
en montagne, et ceux
que l'on peut utiliser au cours
de certaines opérations
de sauvetage.

LE NŒUD DE MILIEU D'ALPINISTE

Elégant dans son montage, il est très apprécié pour sa facilité d'exécution. L'alpiniste est assuré au moyen de cette boucle à la hauteur de la poitrine.

Boucle d'alpiniste

Autre montage pour un même résultat : ici, on ne se sert pas des extrémités de la corde.

LE NŒUD DE HARNAIS (OU NŒUD D'ARTILLEUR)

Ce nœud offre un large éventail dans ses applications. Pour la pratique de l'escalade comme pour la pêche à la ligne, il se montre très utile. A noter qu'il servait autrefois aux artilleurs pour déplacer les canons.

Le nœud de Prusik

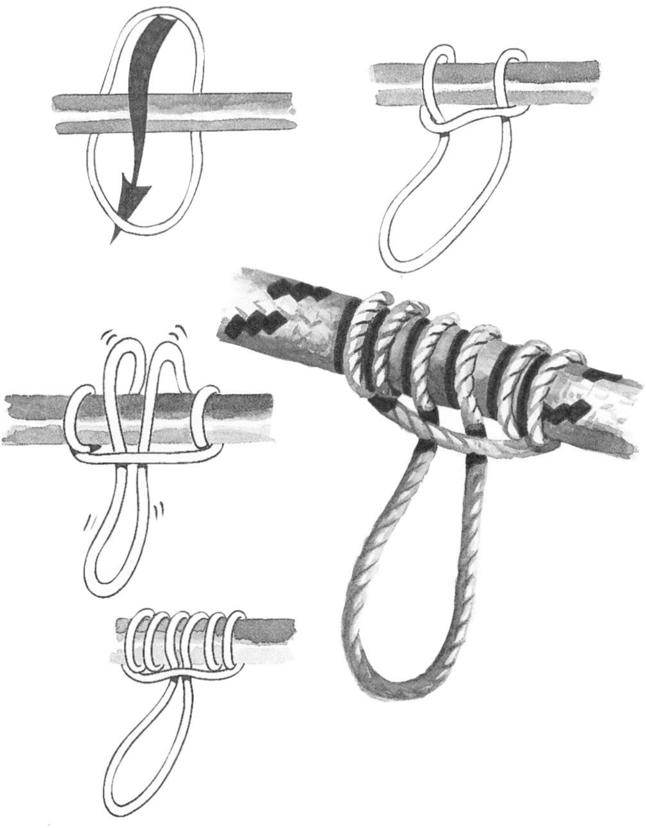

Sa fiabilité repose avant tout sur le blocage des boucles au moment de la traction (il est souvent utilisé comme étrier par les alpinistes). Mais la médaille a son revers : en effet il est assez difficile à défaire.

LE NŒUD DE PRUSIK EN CROIX

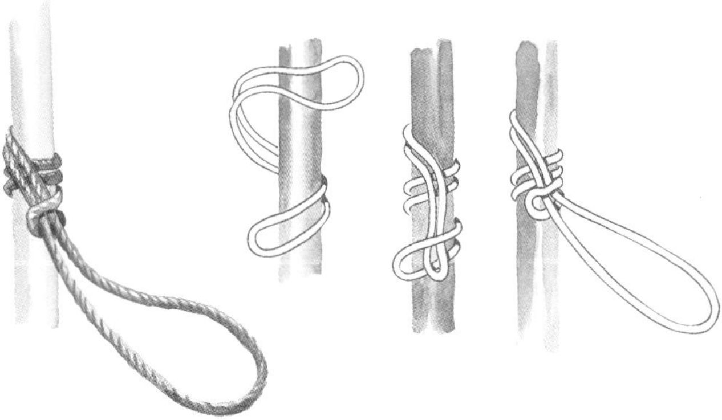

Plus long à mettre en place, ce nœud entraîne souvent des erreurs de la part du néophyte. Il doit se bloquer parfaitement.

NŒUD DE PRUSIK EN CROIX : MONTAGE INVERSÉ (KLEIMHEIST)

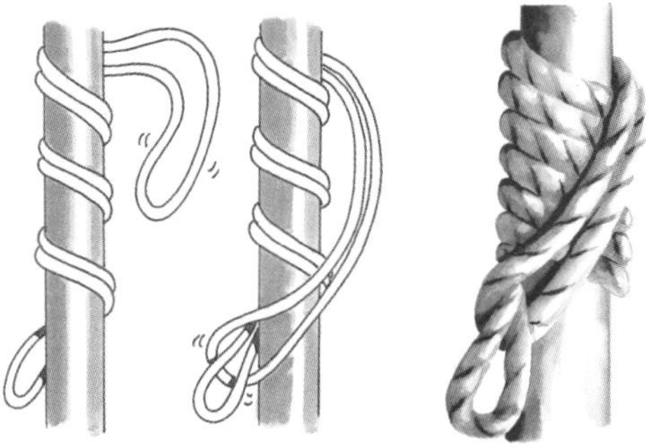

C'est un montage qui n'offre aucune sûreté : à éviter donc !

Le nœud Tarbuck

C'est un nœud à boucle destiné à trouver une application dans des domaines autres que l'alpinisme.

LA BOUCLE NOUÉE EN « 8 »

C'est également un nœud qui peut être rangé aussi bien dans la catégorie des nœuds d'arrimage que dans celle des nœuds à boucle. Ses usages sont multiples (comme par exemple emprisonner du matériel dans sa boucle). Pensez-y !

Le nœud Ontario

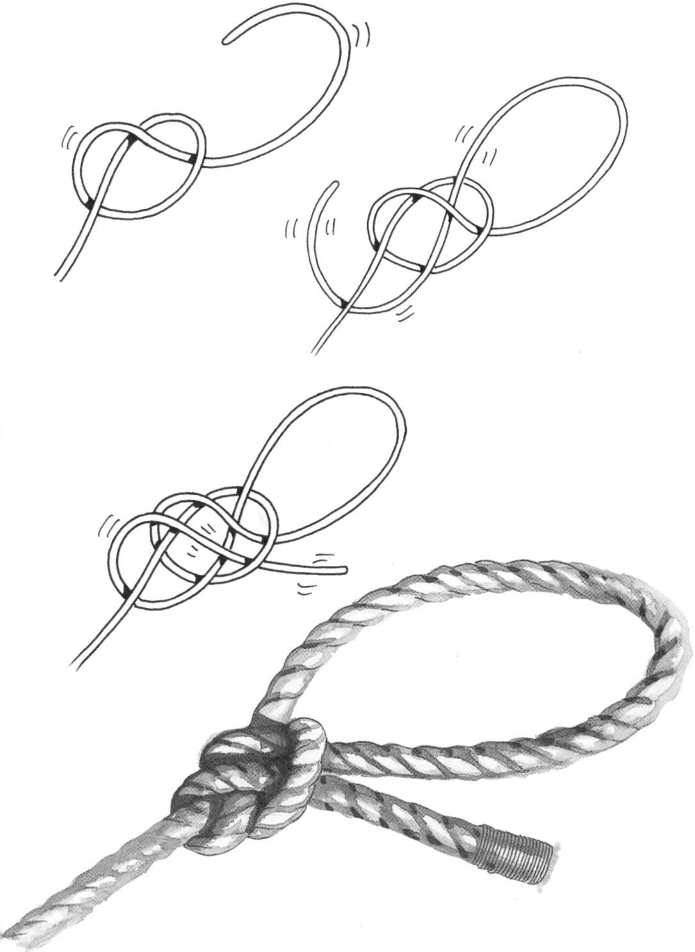

LE NŒUD ALGONQUIN

Ils entrent dans la catégorie des nœuds à boucle. Aujourd'hui ces deux nœuds sont tombés un peu dans l'oubli, alors qu'autrefois ils étaient souvent en usage. Ils méritent que l'on se souvienne d'eux, ne serait-ce que pour leur réputation de solidité et de rapidité dans le montage.

LE NŒUD DE CHAISE TRIPLE

C'est encore une nouvelle version du nœud de chaise classique avec, ici, une troisième ganse.

LE NŒUD DE CHAISE DE POMPIER

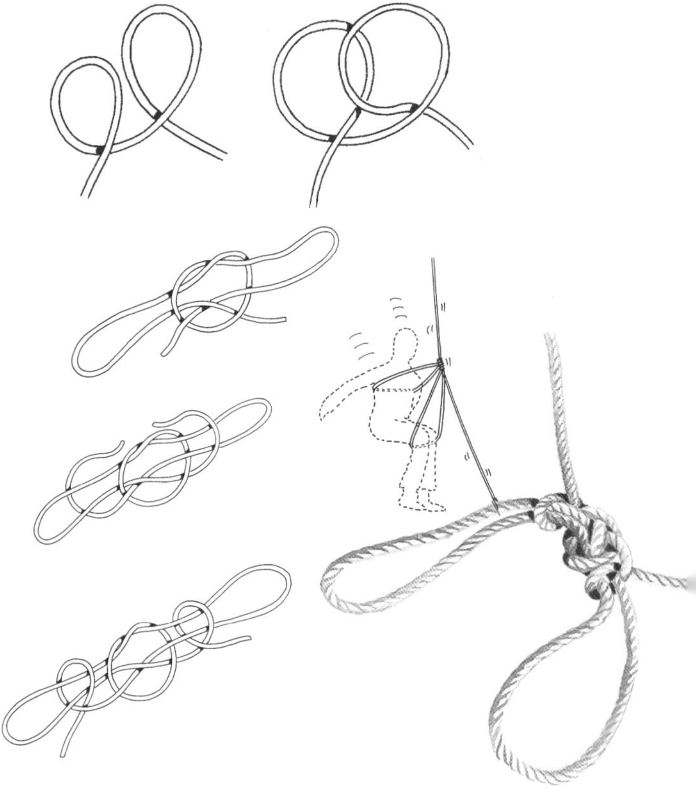

C'est un nœud de sauvetage particulièrement recommandé pour sa fiabilité lorsqu'il s'agit de descendre un corps d'une certaine hauteur. Les deux ganses ne doivent pas être trop lâches pour éviter que le corps ne glisse au cours de la manœuvre.

LE NŒUD D'ASPIRANT

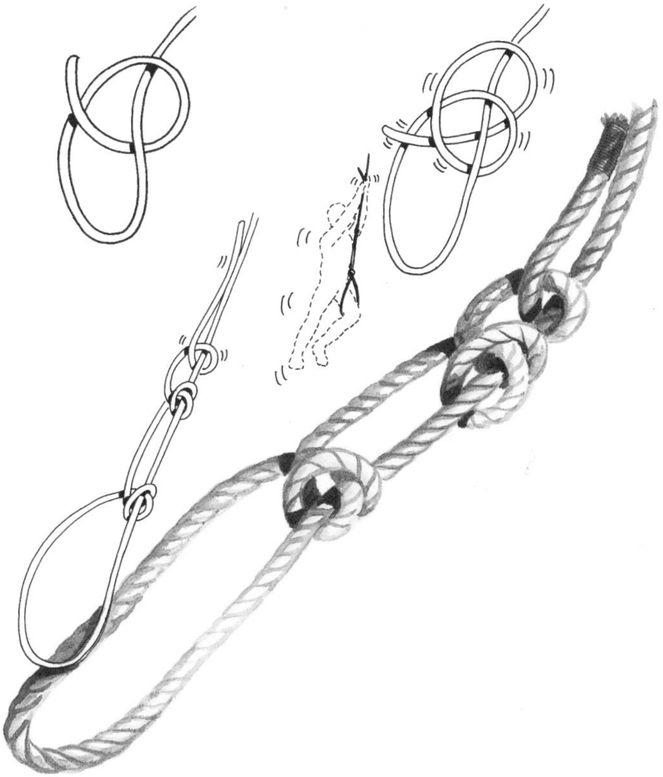

Voici un autre nœud de sauvetage relativement rapide à mettre en place.

Avant d'être hissée, la personne devra confectionner le nœud autour de sa jambe et bloquer fermement avec les mains le brin libre tout contre le dormant.

LE NŒUD DE MUNTER

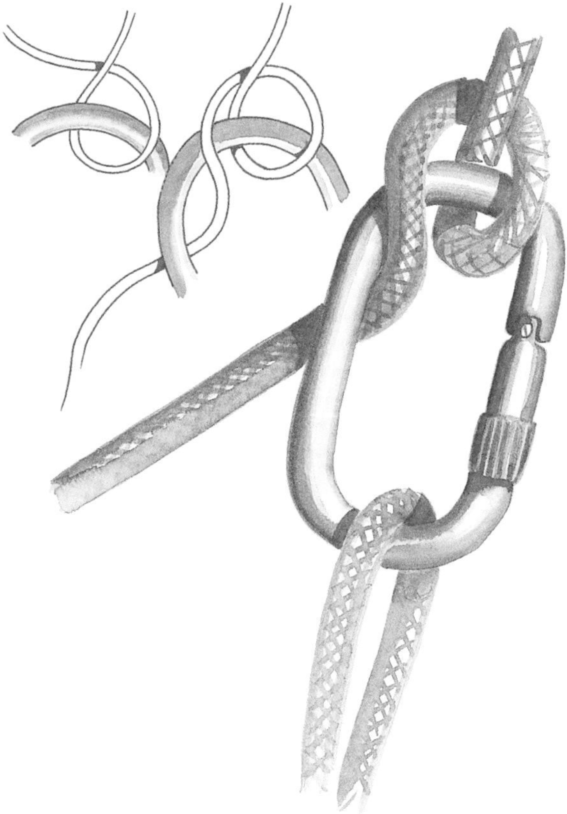

Ce nœud repose sur le croisement de la corde à l'intérieur d'un mousqueton. Très pratique pour la descente en rappel, il est aujourd'hui largement utilisé…

LE NŒUD PENBERTHY

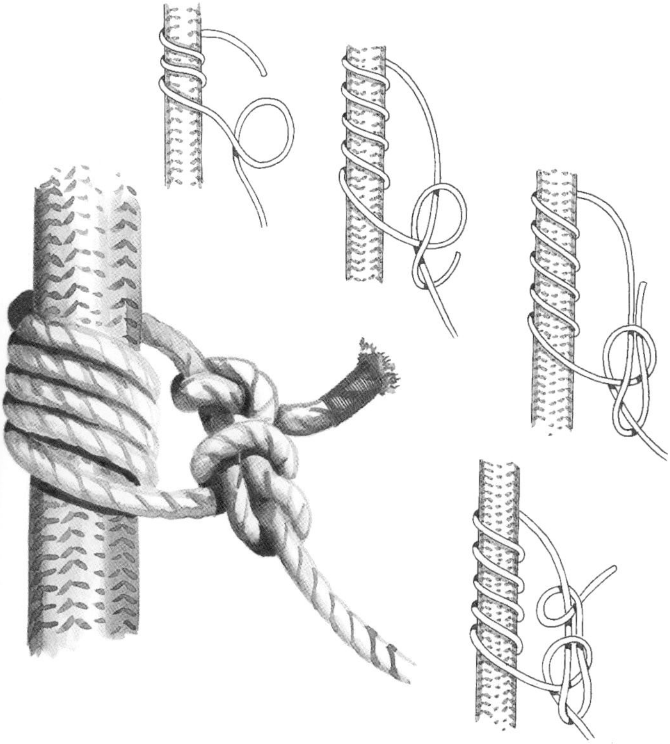

Ce nœud est destiné à supporter le poids d'une personne. Le nombre de tours est proportionnel à la charge prévue. Ici, les tours ne se bloquent pas, c'est là son principal avantage en plus de sa solidité. Néanmoins, veillez à ne pas laisser trop de mou entre les tours et le nœud lui-même, sinon celui-ci glisserait.

NŒUDS pour la pêche

Les techniques s'affinent
et les pêcheurs deviennent
de plus en plus exigeants sur la
qualité de leur montage.
Chaque nœud aura une spécificité
bien précise et même si certains
se révèlent incontournables,
il ne faut pas pour autant
négliger les autres. Un conseil :
avant tout serrage sur nylon, pensez
à humecter le nœud avec votre salive,
sinon la friction et l'échauffement
qui se produiraient le fragiliseraient
dangereusement.

LE NŒUD D'ÉCOUTE

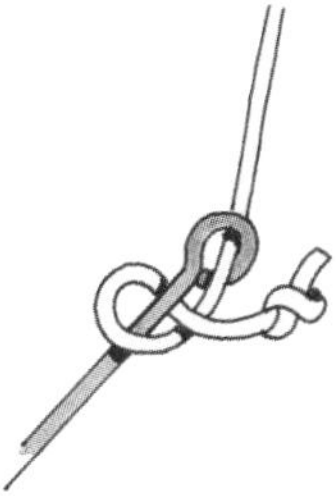

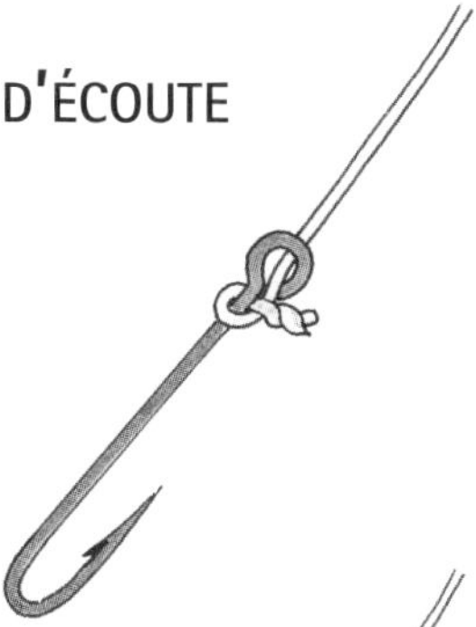

LE NŒUD EN « 8 »

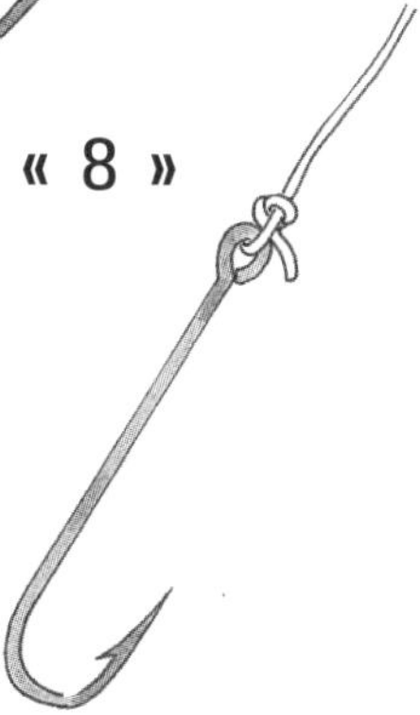

LE NŒUD EN DEUX DEMI-CLÉS

Ce sont trois nœuds au montage d'une simplicité déroutante (une préférence pour le nœud en « 8 », le plus fiable des trois).

Le nœud Palomar (ou nœud de plein poing)

Voici un nœud très résistant qui convient pour attacher les hameçons à œillet, certains leurres (cuillers tournantes, ondulantes, poissons nageurs) et les émerillons. Il est également idéal pour les multifilaments (tresses) à condition cependant de réaliser plusieurs passages à l'intérieur de la boucle. Trois tours sont raisonnables ; au-delà, le nœud est difficile à serrer, et de plus manque de discrétion.

LE NŒUD DE CLINCH (OU « BLOOD KNOT », OU NŒUD DE CUILLER)

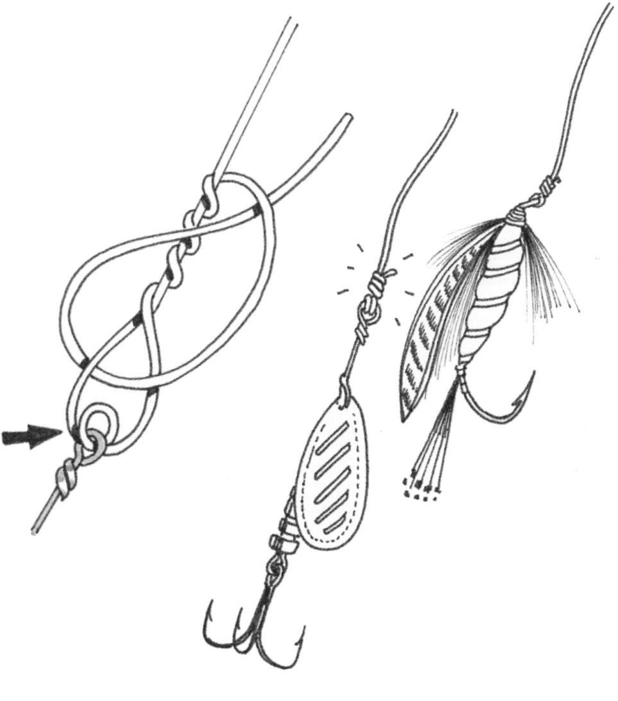

Ce nœud est un classique du genre, particulièrement réputé pour sa très grande résistance à la traction. Il permet d'attacher au bas de ligne hameçons à œillet, leurres métalliques, leurres souples, émerillons, plombs et mouches.

LE NŒUD DE CUILLER SUR FIL DOUBLE

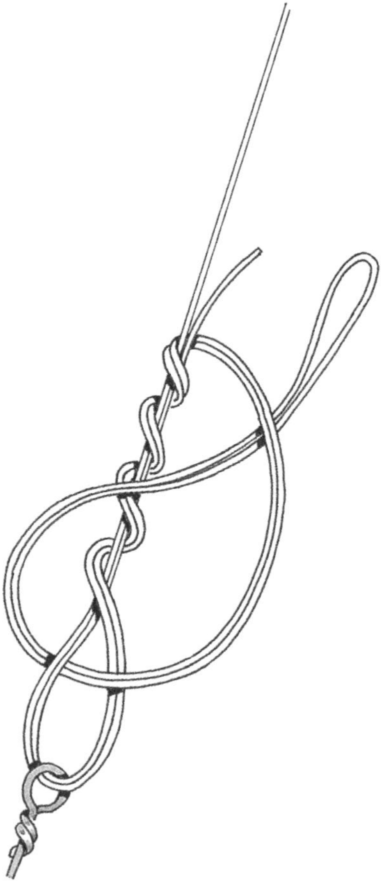

C'est une version renforcée du nœud précédent.

La boucle d'Homer Rhode (ou nœud de guide)

Si on désire laisser au leurre une grande liberté de mouvement, il faudra préférer au nœud de cuiller celui d'Homer Rhode. Ce dernier n'est sans doute pas le plus résistant des nœuds, mais la mouche pourra évoluer sous ou sur la surface avec plus de naturel.

LE NŒUD DE TORTUE (OU NŒUD DE TURLE)

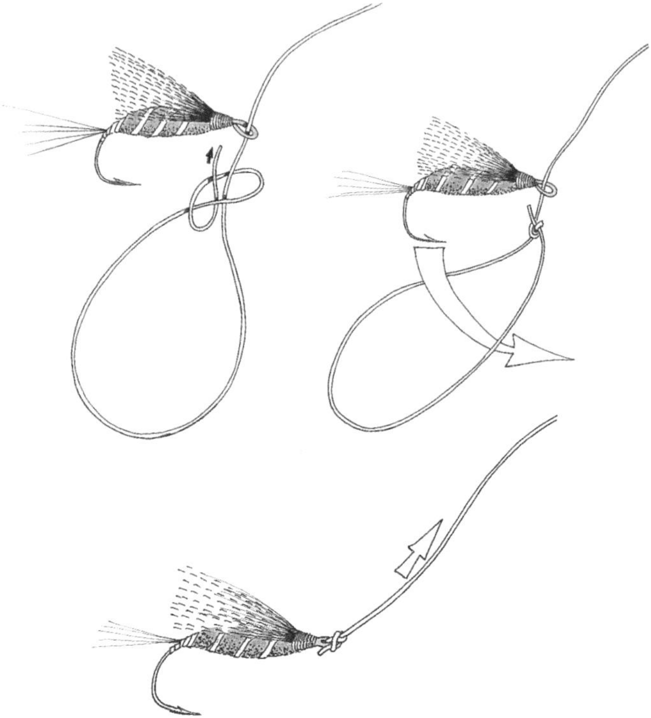

Souvent préconisé dans la pêche à la mouche, ce nœud allie à la fois solidité et discrétion. Cette technique exige un posé délicat et précis de la mouche sur l'eau, d'où l'intérêt d'utiliser ce nœud même s'il se montre moins performant que les autres à la traction.

LE DOUBLE NŒUD DE TORTUE (OU NŒUD DE TURLE DOUBLE)

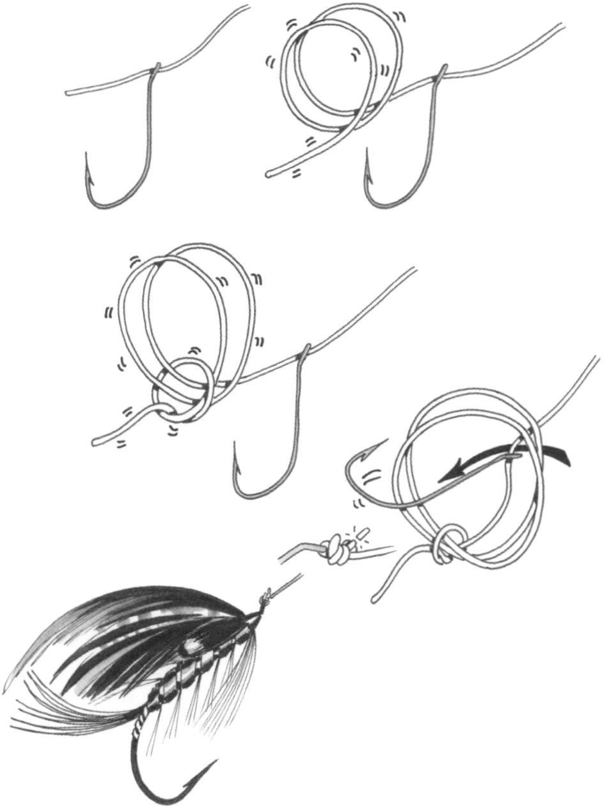

Pour plus de sécurité, le nœud de tortue a été doublé. Les pêcheurs de saumon à la mouche ont toujours apprécié la valeur de ce nœud.

LE NŒUD DU PENDU (OU NŒUD DE GRINNER SIMPLE)

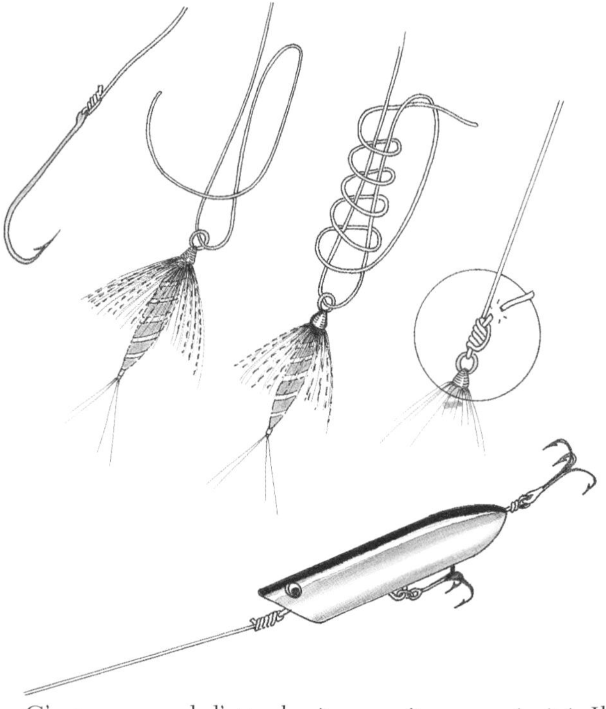

C'est un nœud d'attache à connaître en priorité. Il a la faculté, tout comme le nœud d'Homer Rhode, de laisser une certaine liberté au leurre à condition de ne pas l'appliquer tout contre l'œillet du leurre ou de l'hameçon. Mais au moment de la traction, ce nœud coulissera en totalité. Il convient pour des techniques de pêche très variées.

Le nœud d'hameçon à palette (ou nœud de mitraillette)

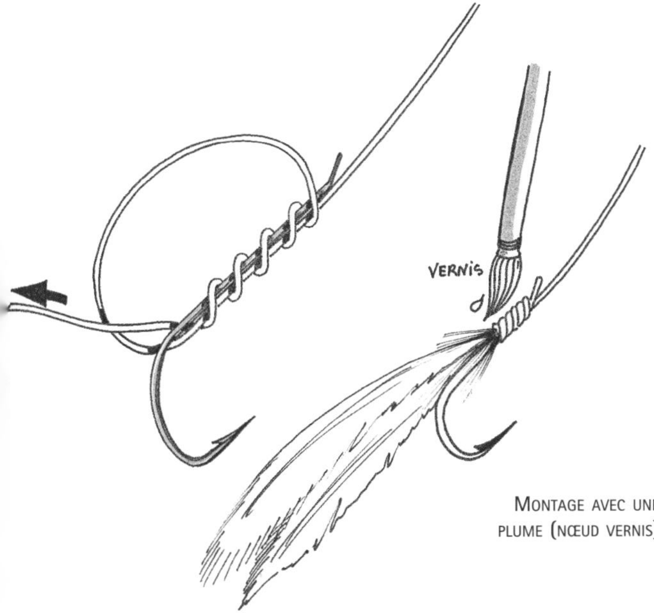

Montage avec une plume (nœud vernis)

Ce nœud, connu pour sa simplicité, doit être réalisé avec soin. Il peut, à l'occasion, bloquer tout contre la hampe de l'hameçon une plume qui habillera l'ensemble. A la traction, il se serre encore davantage. Il convient au monofilament (nylon) de tout diamètre comme au multifilament (tresse).

LE NŒUD D'HAMEÇON À PALETTE
(autre variante)

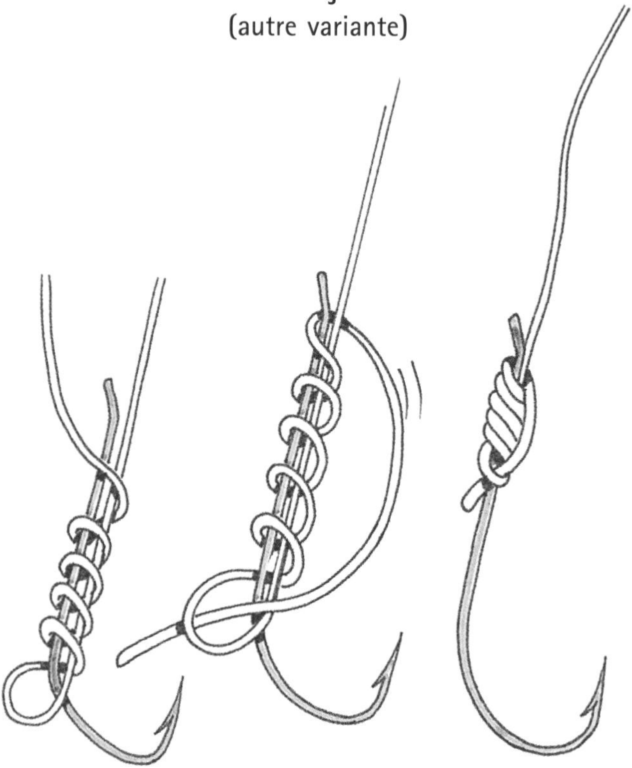

Comme pour le nœud précédent, il est très important de placer le nylon, au départ du montage, devant et non derrière la palette. Sinon, cette dernière risquerait d'abîmer le nylon par frottement. Si les spires du nœud sont mal serrées près de la courbure de l'hameçon, recommencez le montage.

LE NŒUD RAPALA

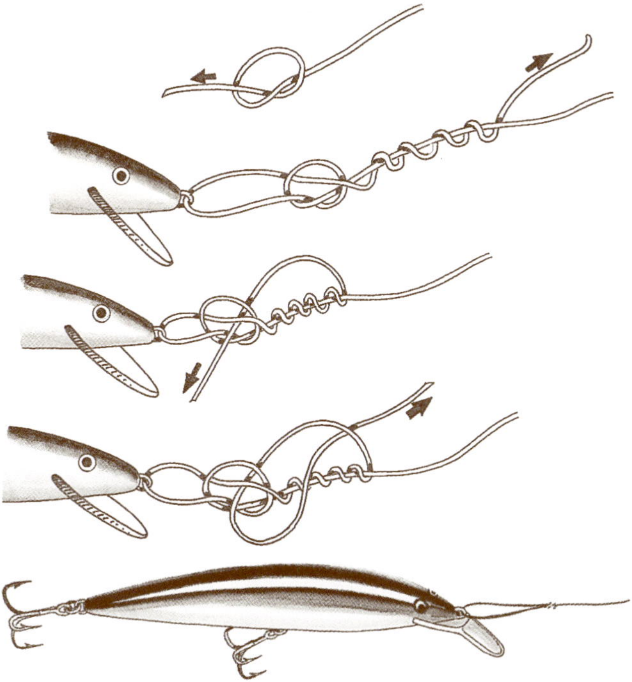

C'est un nœud spécifique aux poissons nageurs. Grâce à la boucle finale, ce nœud permet au leurre de conserver toute sa mobilité, donc son attractivité. Suivez bien les étapes de son élaboration. Avec un peu d'habitude, son montage ne vous posera plus de problèmes. Bien sûr, rien ne vous empêche de l'utiliser pour attacher d'autres leurres à votre bas de ligne. A connaître absolument.

LE NŒUD « HAYWIRE TWIST »
(attache avec fil métallique)

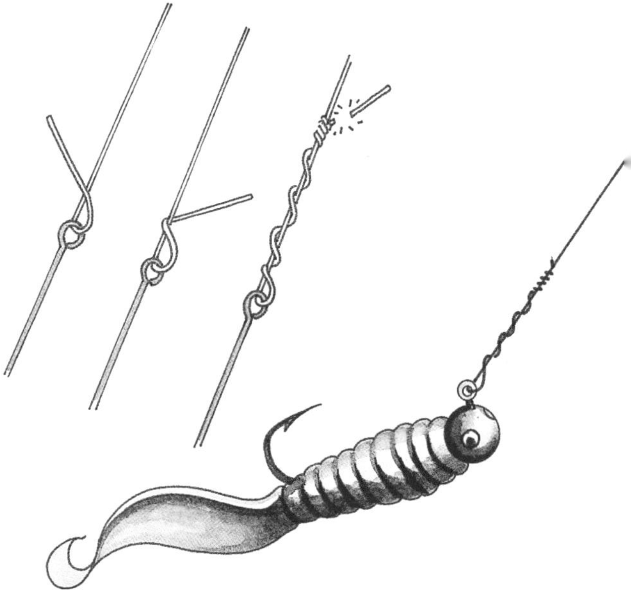

Si vous vous attaquez à des poissons à la dentition trop fournie et que vous craignez la perte de votre leurre après coupure du bas de ligne en nylon, vous utiliserez sans aucun doute un bas de ligne métallique. Ici, pas de nœud compliqué : après avoir formé une boucle, le brin libre est enroulé en spires assez écartées les unes des autres, puis, pour finir, en spires serrées. Cette attache est valable pour n'importe quel type de leurre.

La torsade soudée

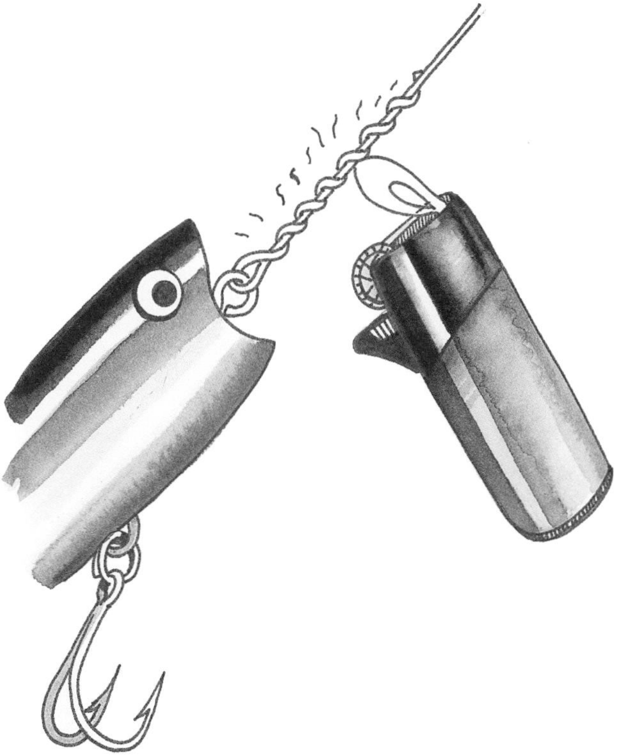

On retrouve le même principe que celui du nœud précédent, mais ici la tresse métallique est enrobée d'une mince pellicule de plastique. On soudera les spires au moyen de la flamme d'un briquet.

LE NŒUD POUR BAS DE LIGNE EN ACIER

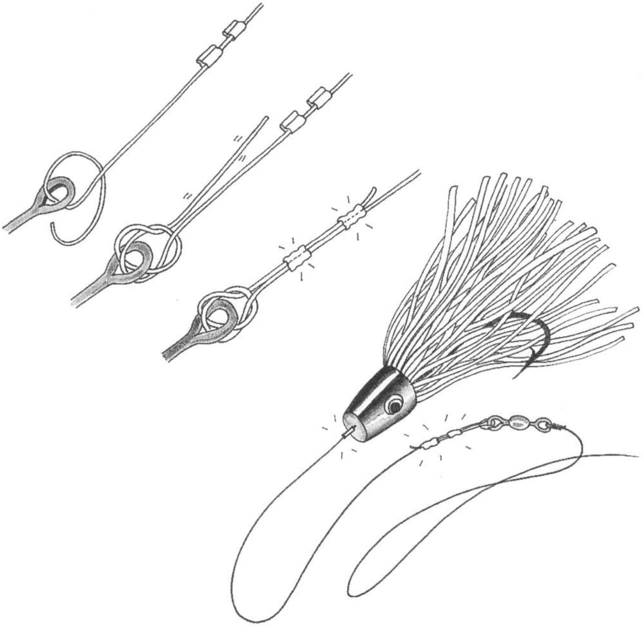

Le bas de ligne en acier est ici manchonné. Les boucles sont relativement faciles à réaliser ; néanmoins, il ne faut pas oublier d'enfiler les deux manchons sur le fil dès le départ. Une fois les boucles faites, passez le brin libre à l'intérieur des manchons. Serrez par deux fois ces manchons à l'aide d'une pince à sertir (il est possible de repasser le bout libre dans le second manchon avant de le pincer). Si les pincements ont été mal exécutés, les boucles se tasseront au niveau de l'œillet.

LE NŒUD EN GUEULE DE RAIE (OU « OFF SHORE SWIVEL KNOT », OU NŒUD D'ÉMERILLON)

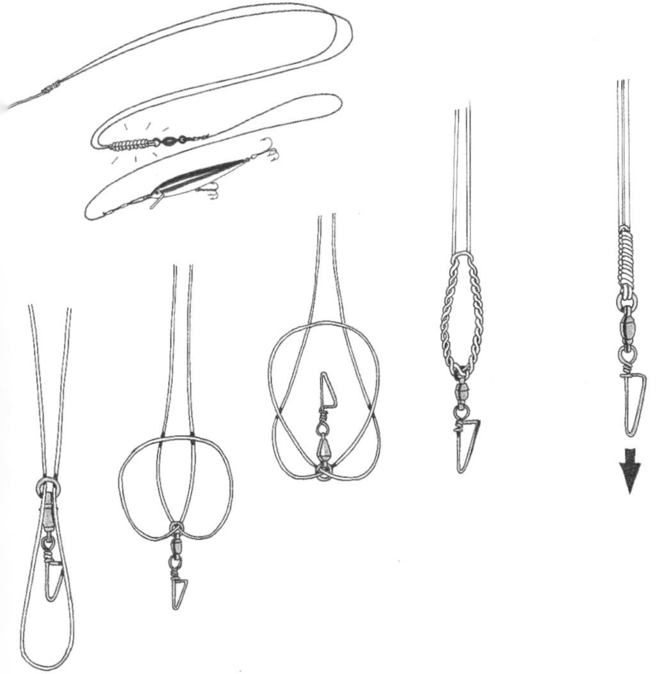

Ce nœud permet de doubler la ligne, et du coup de renforcer sa résistance. Les tours s'accumulent à mesure que l'on tourne l'émerillon sur lui-même. Le résultat ne manque pas d'élégance !

Le nœud du pêcheur simple

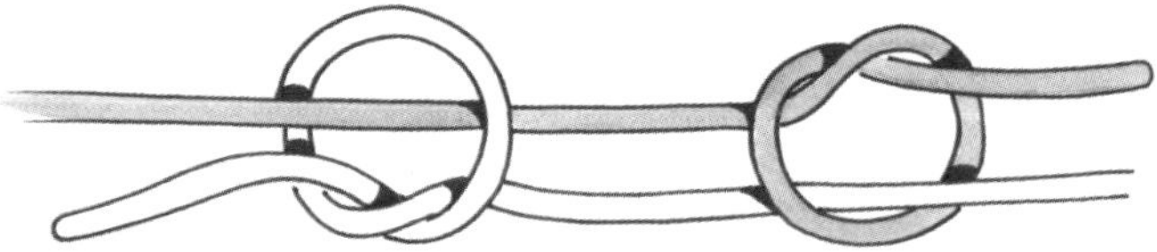

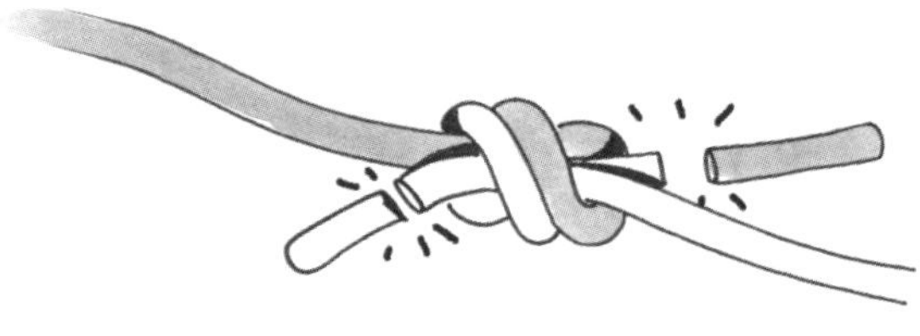

Le nœud du pêcheur double

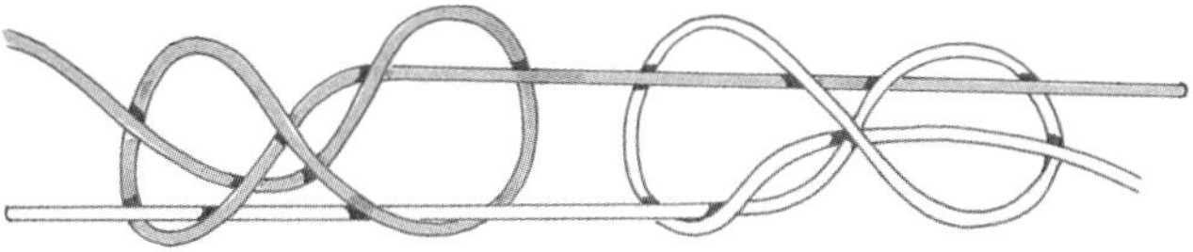

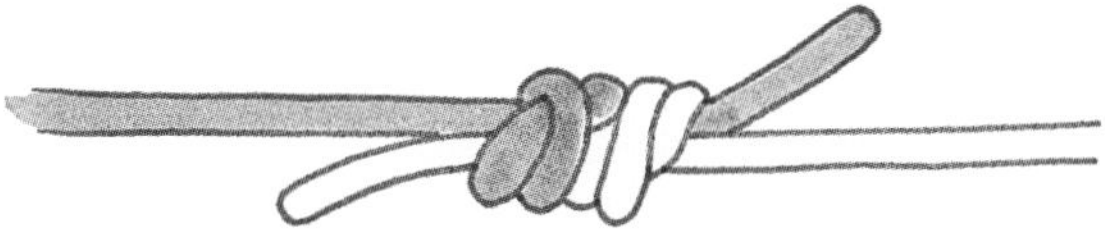

Les nœuds de raccordement se révèlent indispensables dans de nombreuses situations. Les réaliser signifie souvent, malheureusement, que la ligne a subi une casse (mauvais lancer ou départ d'un gros poisson), et qu'il faut réparer les dommages très rapidement. Aussi ce caractère d'urgence des montages doit vous inciter à savoir les réaliser parfaitement, parfois dans des conditions de pêche difficiles. D'où l'intérêt du nœud du pêcheur qui est très simple à monter. C'est une valeur sûre, même si sa version en double (plus difficile dans sa réalisation) offre une plus grande solidité.

Le nœud universel simple (ou nœud d'aboutage ou nœud double grinner)

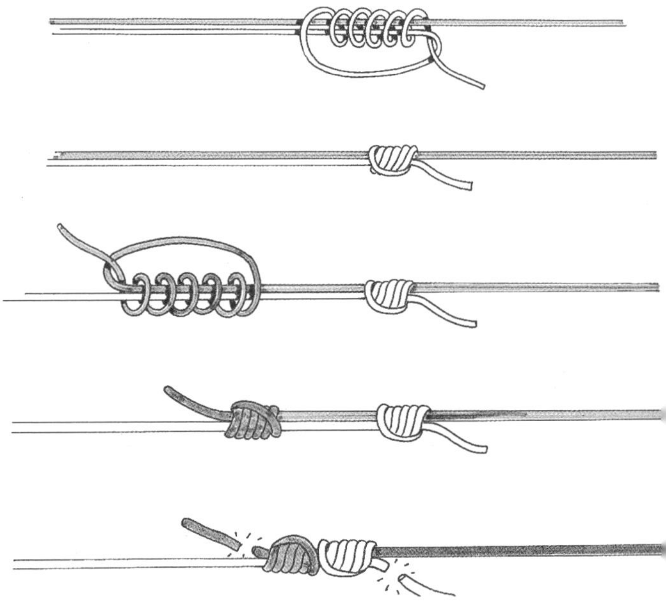

Malgré son nom, il n'est pas le plus employé des nœuds de raccordement. C'est dommage, car il est solide et de plus élégant (veillez à bien humecter le fil avant le serrage final).

Le nœud de capucin
(enroulement à l'intérieur)

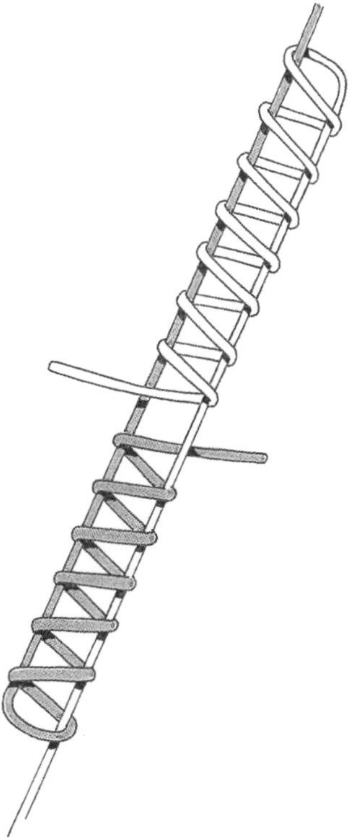

C'est un nœud à éviter à cause de la difficulté du montage. Préférez-lui le nœud Baril.

LE NŒUD BARIL

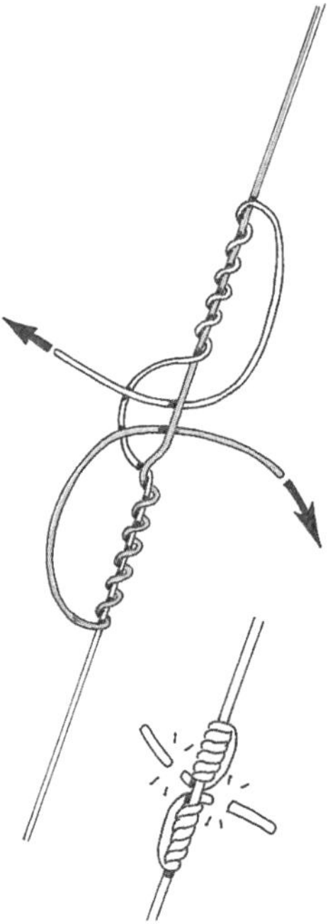

Sans doute le nœud le plus employé pour relier deux nylons aux diamètres assez proches. Connu des pêcheurs aussi bien en mer qu'en eau douce, ce nœud permet d'attacher les différentes sections d'un bas de ligne à mouche ou de réparer une casse. Peu volumineux, il passe avec facilité dans les anneaux. Une fois réalisé, enrobez-le de colle forte, il n'en sera que plus sûr.

LE NŒUD BARIL RENFORCÉ

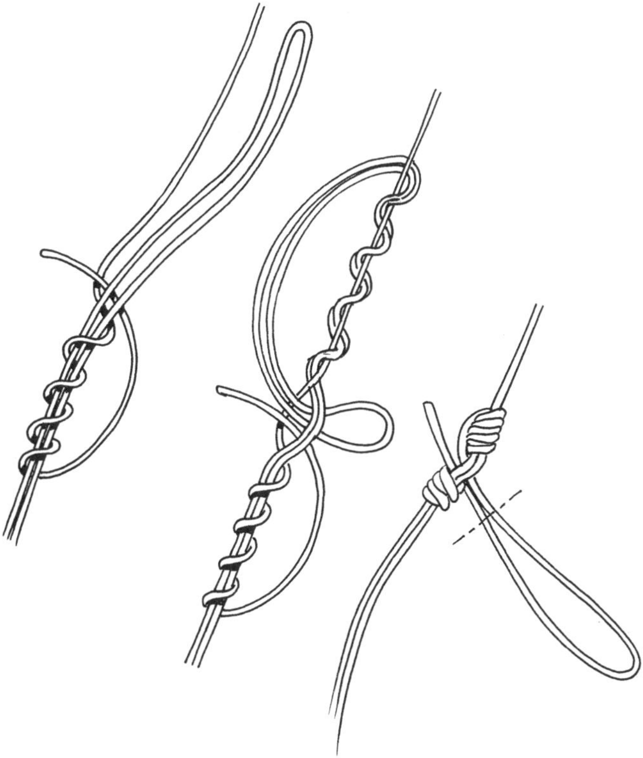

Si l'un des fils a un diamètre bien inférieur à l'autre, qu'à cela ne tienne, doublez le fil le plus fin et réalisez le nœud Baril conformément au montage précédent. Humectez bien l'ensemble avant de serrer, il en a bien besoin! Il est solide, mais manque de discrétion.

LE NŒUD D'ARRACHÉ

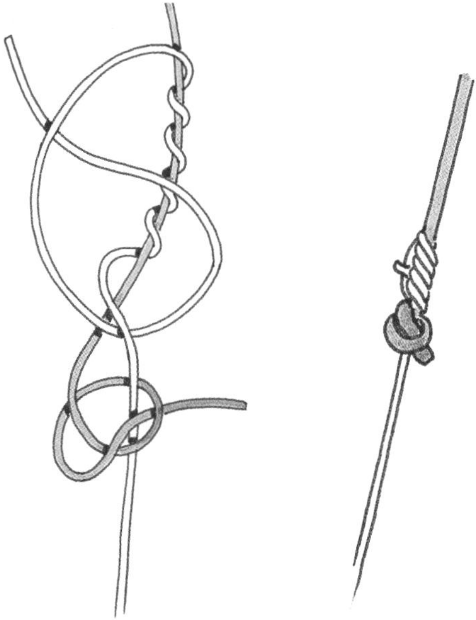

Le fil d'arraché est un nylon de fort diamètre (50 à 70/100), capable d'encaisser le choc du lancer en surf-casting et d'éviter la rupture du nylon plus fin qui garnit la bobine du moulinet. Ce gros fil de départ est relié au nylon principal par ce nœud, très employé à l'origine par les pêcheurs anglo-saxons. La solidité est bien sûr la qualité première de ce nœud, mais il ne faut pas oublier qu'un nœud d'arraché doit passer aisément dans les anneaux, et c'est aussi son atout. De plus, il est très facile à apprendre.

Le nœud de chirurgien (ou « surgeon's knot » ou boucle ou nœud d'eau)

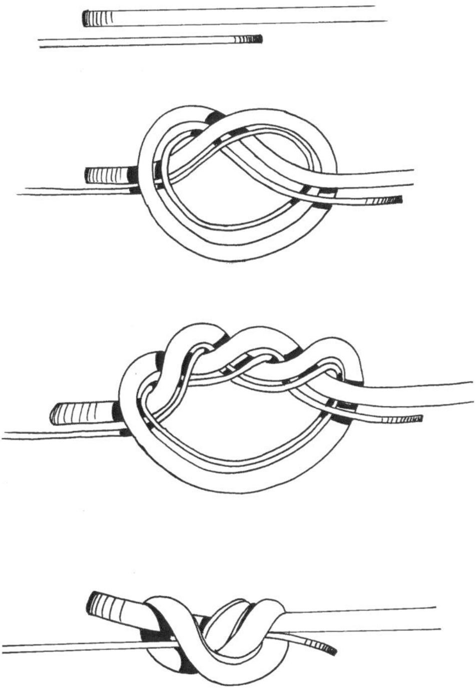

Les moucheurs ont toujours apprécié la solidité et la simplicité de ce nœud, et c'est depuis peu que les pêcheurs en mer s'y intéressent pour la confection du nœud d'arraché. On ne peut leur reprocher cet emprunt, que les qualités de ce nœud justifient.

Boucle dans boucle

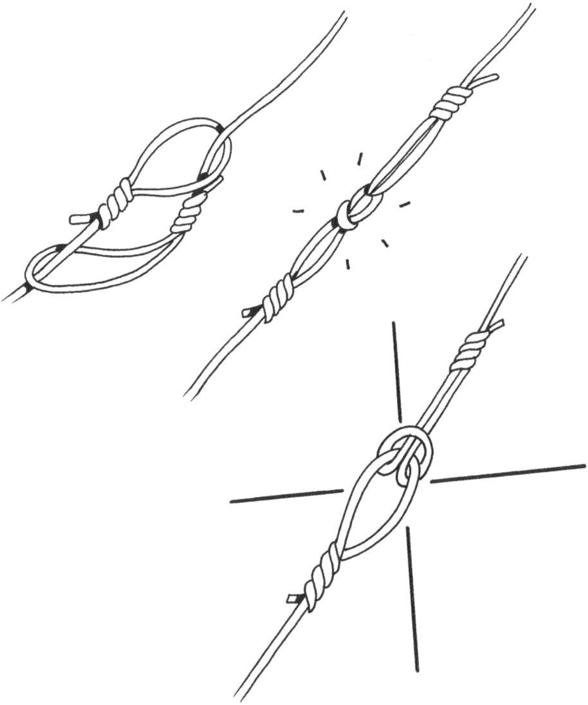

C'est la manière sans doute la plus simple de raccorder deux sections de nylon. Mais la discrétion n'étant pas ici son principal atout, évitez-le lors d'un raccord avec l'arraché. Utilisez-le plutôt pour attacher un bas de ligne comportant un hameçon à la ligne principale.

LE NŒUD D'ALBRIGHT

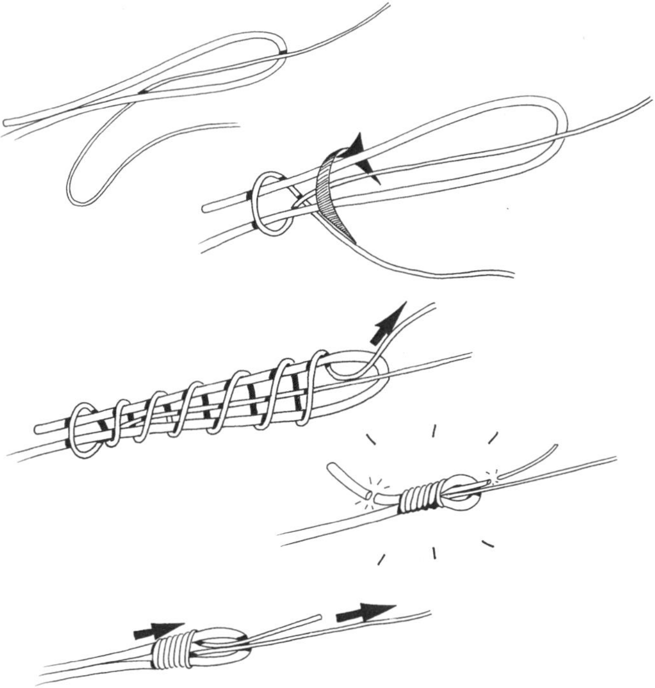

Les moucheurs le connaissent bien, car il sert de connexion entre la soie et le bas de ligne (« queue de rat »). Mais on peut également l'utiliser pour raccorder un monofilament à une ligne métallique ou à une crinelle en acier. Il constitue un bon nœud d'arraché, à condition de soigner sa confection (les spires doivent être bien serrées) et d'ajouter une goutte de colle forte une fois le travail terminé.

LE NŒUD À L'AIGUILLE

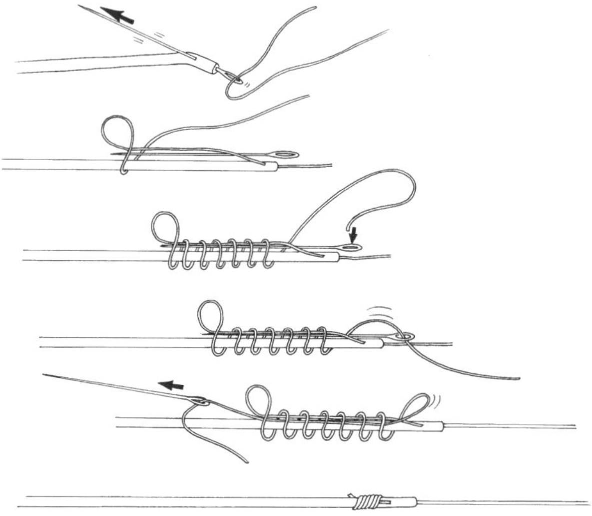

Destiné au raccord soie-bas de ligne, ce nœud est apprécié par les moucheurs pour sa fiabilité. On s'aide ici d'une aiguille : elle est introduite sur un tiers de sa longueur dans la pointe de la soie (elle doit ressortir à environ un centimètre de l'extrémité de la soie), puis on porte la flamme d'un briquet sur sa partie externe. L'aiguille transmettra la chaleur et formera un conduit assez large. Glissez le nylon dans le chas de l'aiguille, et faites ressortir celle-ci entièrement. Puis procédez suivant le schéma.

Le nœud au tube

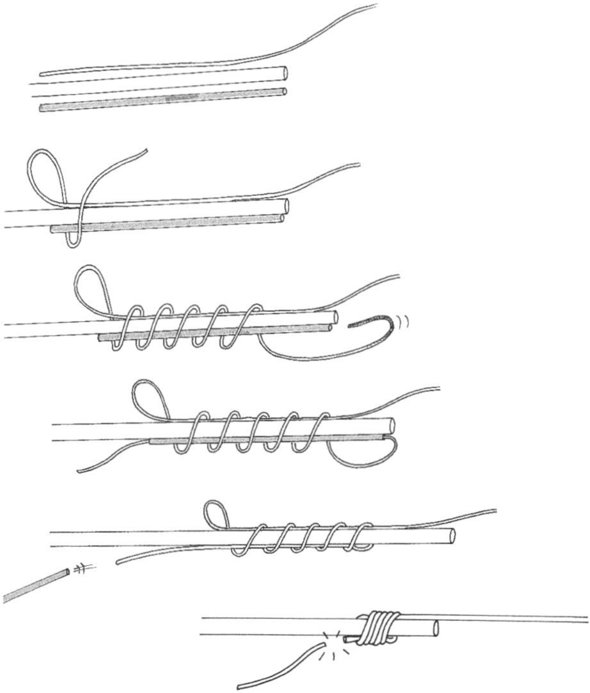

Nœud de raccord soie-bas de ligne, ou pour deux fils de nylon, il est assez fastidieux à mettre en place. Munissez-vous d'un tube assez fin (Coton-tige ou recharge de stylo à bille). Il est remarquable pour sa solidité, mais si vous manquez de patience alors que les touches se succèdent, abstenez-vous de le faire. Choisissez-en un autre.

Le nœud de raccord

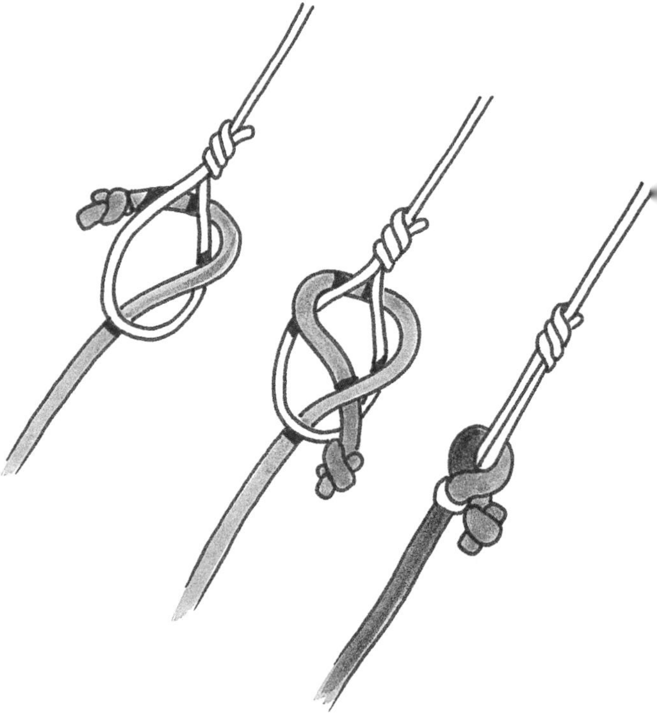

C'est un nœud de raccord soie-bas de ligne. Il est très apprécié si l'on désire changer rapidement de bas de ligne, mais il manque singulièrement d'élégance à cause de son volume !

LE NŒUD DE POTENCE

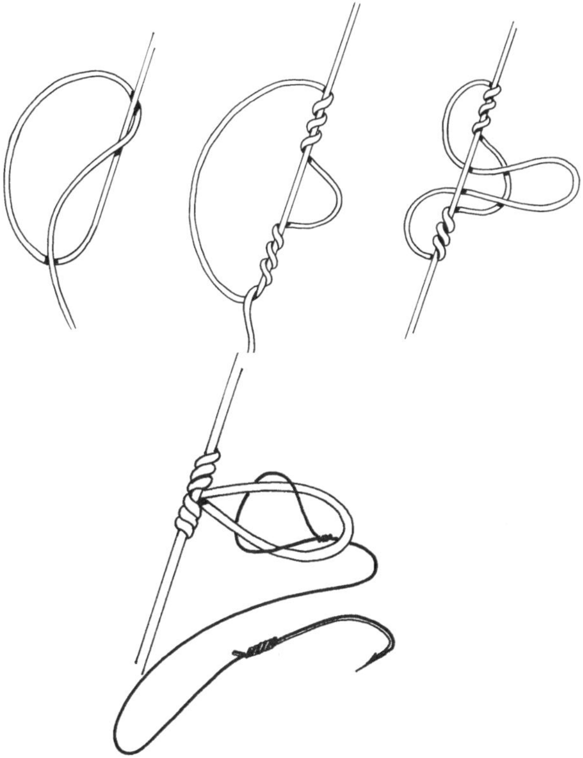

C'est un nœud très utile et remarquable par la simplicité de son montage. Il permet de relier un bas de ligne au corps principal (par exemple lors de la fabrication d'une « mitraillette »). Sa solidité est reconnue par tous les pêcheurs et peut à l'occasion remplacer les émerillons et les clipots.

LE NŒUD DE POTENCE TORSADÉE

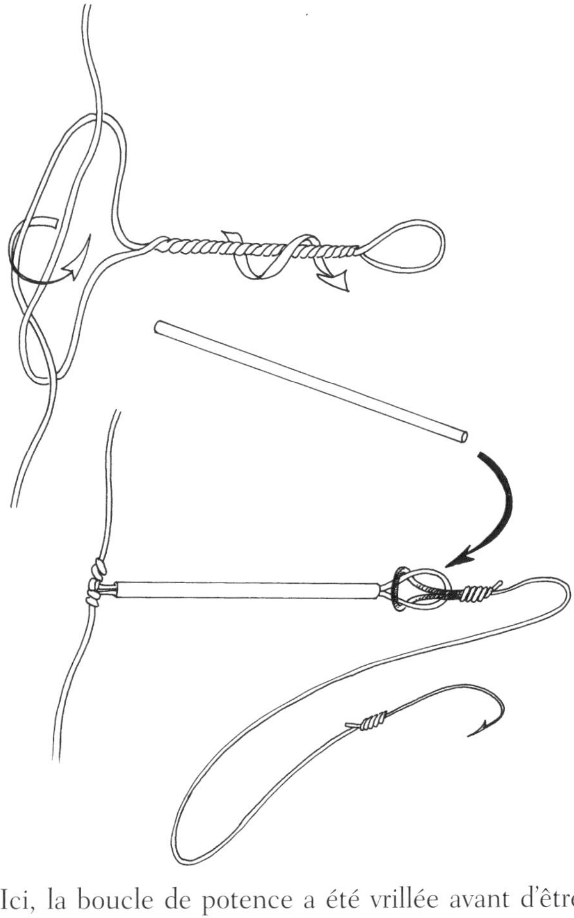

Ici, la boucle de potence a été vrillée avant d'être passée dans un tube plastique (recharge de stylo à bille). Ce tube raidit l'empile.

Boucle en nœud de capucin (ou « King sling »)

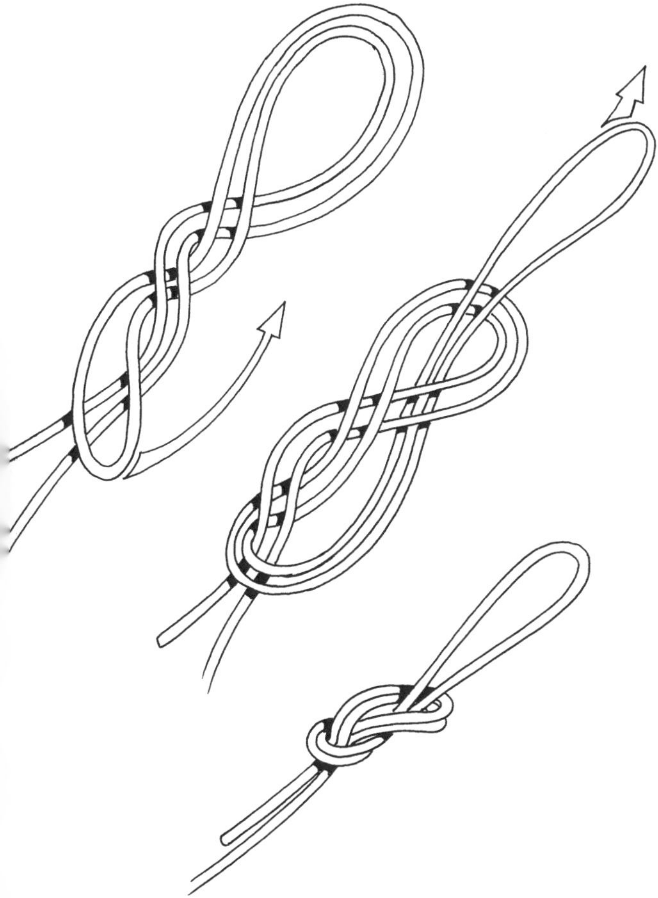

Autre boucle

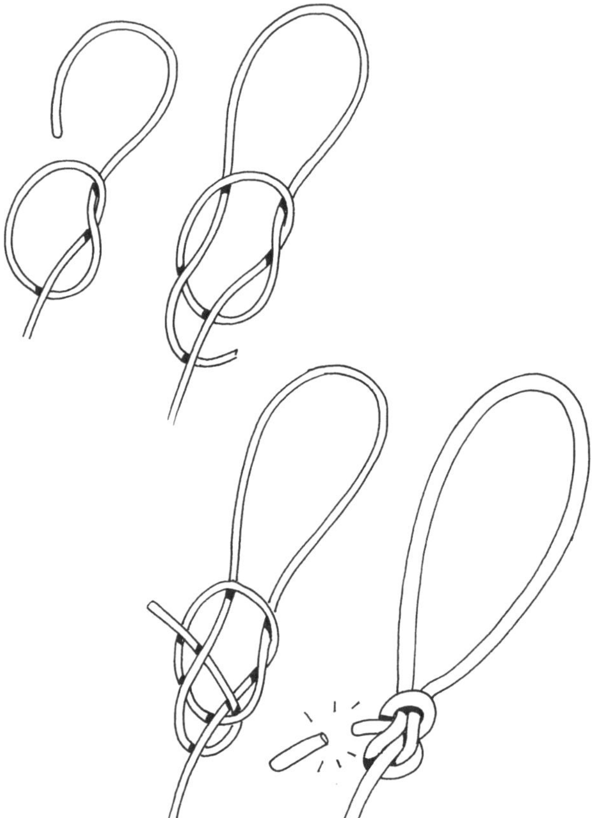

Boucle en nœud double

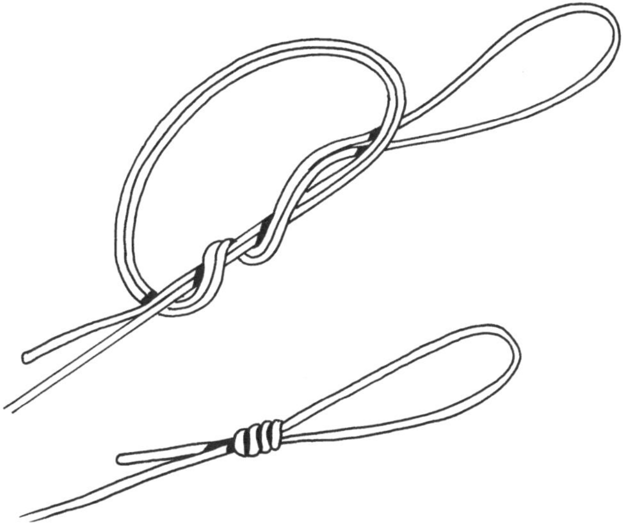

Ce sont trois variations sur un même thème, qui vous permettront ensuite de réaliser le montage « boucle dans boucle » (voir le nœud « boucle dans boucle » p.122).

LE NŒUD « SPIDER HITCH »

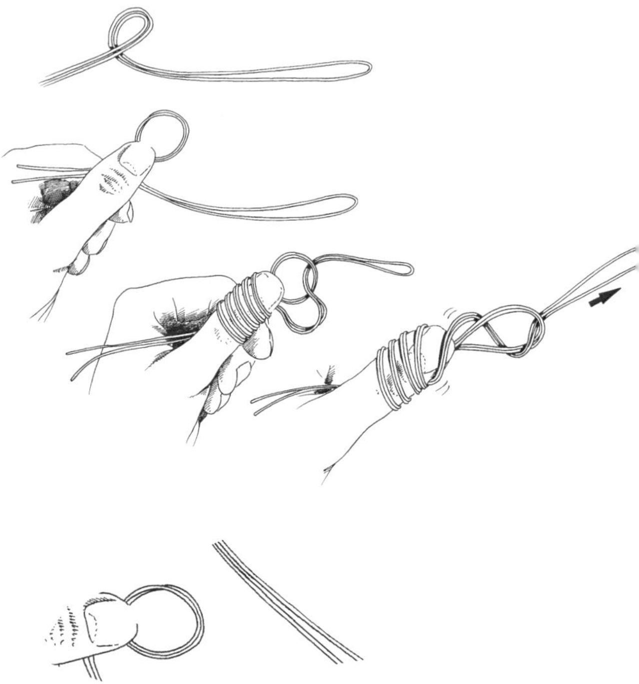

C'est un nœud à boucle qui laisse une large place à l'élégance et demande une certaine dextérité de la part du pêcheur. En se déroulant, les spires se répartissent régulièrement pour finir par se chevaucher mutuellement. Il est particulièrement recommandé pour les nylons assez forts.

LE NŒUD BIMINI (« BIMINI TWIST »)

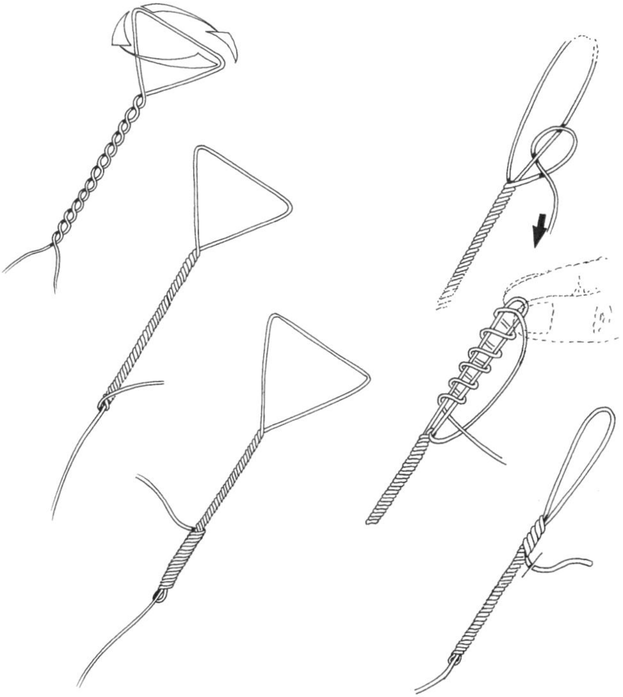

La résistance de ce nœud à boucle est incomparable : elle est équivalente à celle du nylon utilisé ! Le nœud bimini est donc particulièrement recommandé pour la pêche au gros (il permet de doubler le bas de ligne qui est soumis à une tension très forte). Mais, en contrepartie, il est difficile et fastidieux à réaliser. Il est alors préférable de le préparer chez soi au calme.

DOUBLE LIGNE SYSTÈME TRESSE

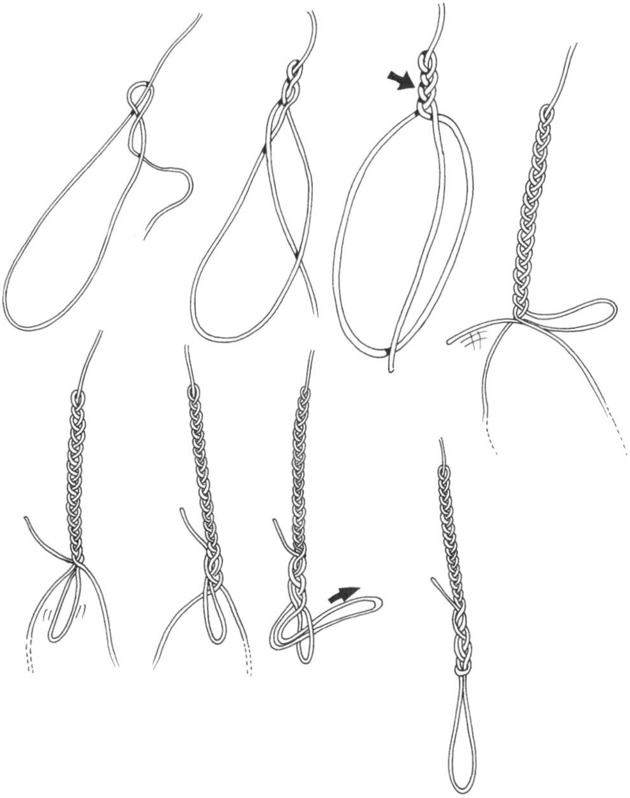

La finalité et les qualités sont les mêmes que pour le nœud précédent, mais ici les entrelacs réguliers du nylon, qui rappellent le nœud scoubidou, lui confèrent en plus de grandes qualités esthétiques.

Le nœud coulissant pour moulinet

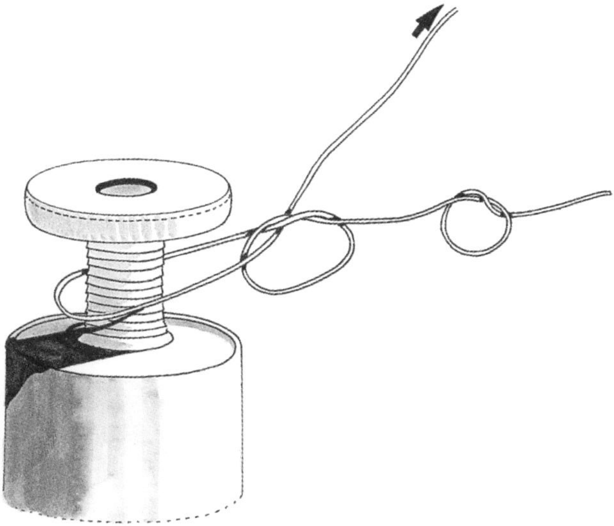

Sur un gros poisson qui aura pris soin de vider la bobine du moulinet, ce nœud sera votre dernière carte à jouer. Autant avoir un bon atout dans la manche ! Confectionnez ce nœud avec soin même s'il est relativement facile à réaliser.

LE NŒUD D'ARRÊT

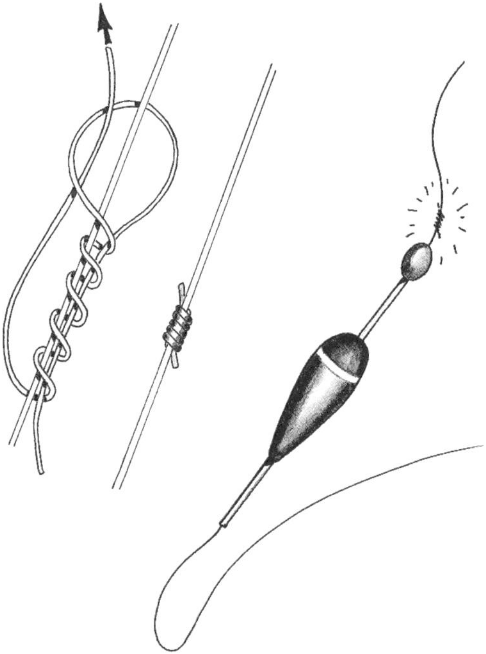

Ce nœud est monté sur la ligne principale : son volume permettra au flotteur coulissant d'être bloqué à la hauteur désirée ; de cette manière, le pêcheur peut prospecter selon la profondeur recherchée. Il est de plus relativement fin, ce qui lui permettra de passer sans difficulté dans les anneaux de la canne lors du lancer.

NŒUDS divers

LE NŒUD EN TRÈFLE

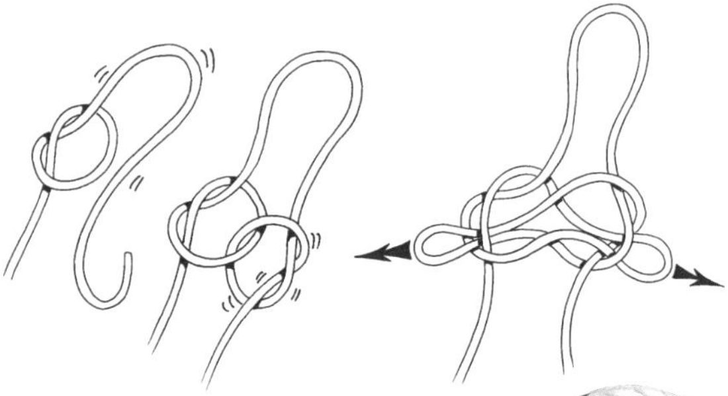

On retrouve ici le nœud d'amoureux (p. 82). Les deux ganses ont été tirées de chaque côté. C'est un nœud avant tout décoratif qui embellira vos paquets cadeaux.

Le nœud carré

Encore un nœud décoratif, et de surcroît solide. Lorsqu'on serre le nœud, il est nécessaire de tirer sur les quatre brins progressivement pour qu'ils puissent apparaître bien équilibrés, sans que les boucles ne se chevauchent.

Le nœud de cravate

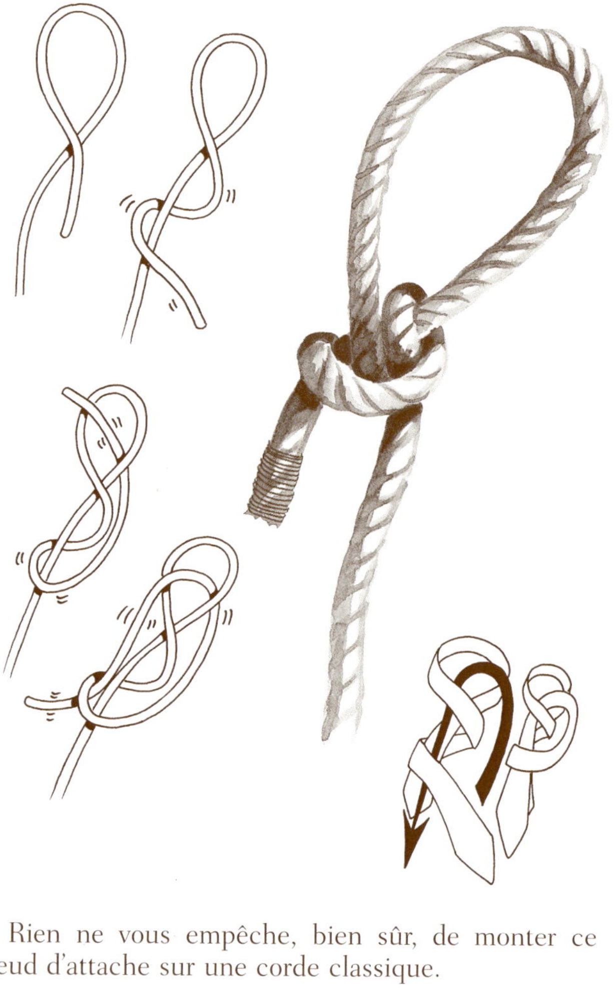

Rien ne vous empêche, bien sûr, de monter ce nœud d'attache sur une corde classique.

Le nœud de longe

Ce nœud d'attache particulièrement solide a l'avantage d'être coulissant. Il peut à l'occasion servir d'attache pour la longe d'un animal. Ce nœud ne se défait pas même sous les tractions de l'animal; par contre, il suffit de retirer le brin libre de la boucle pour le défaire.

LE NŒUD À PAQUET

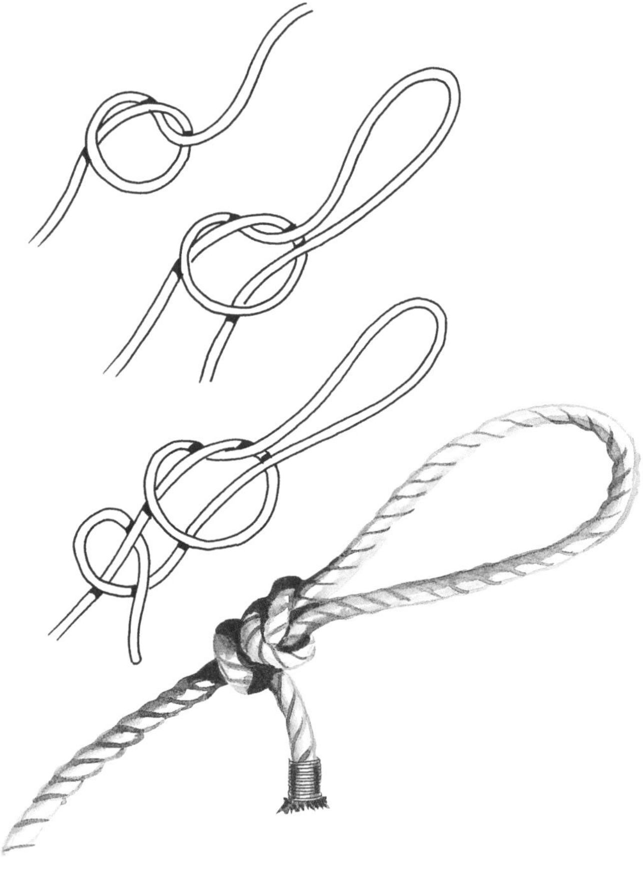

C'est un nœud à boucle très solide, qui se bloque facilement. Vite réalisé, il peut être utilisé comme nœud d'attache.

Le nœud de licou

Un animal peut être retenu à une corde grâce à ce nœud sans risque d'étranglement. En effet, par le blocage des deux demi-nœuds, le nœud de licou ne glisse pas. Ce nœud peut être également utilisé comme ligature pour entourer les paquets.

LE NŒUD COULANT SIMPLE

C'est une autre version du nœud coulant, remarquable par la simplicité et la rapidité du montage.

Le nœud de lasso (avec le nœud « Honda loop »)

Ce célèbre nœud coulant est bien connu des « gauchos » argentins ou des « cow-boys » d'Amérique du Nord pour immobiliser les bêtes à cornes et les chevaux sauvages. Ce nœud convient bien pour des cordes assez raides. Pour son montage, il faut réaliser le nœud « Honda loop » (nœud d'attache) et engager l'autre extrémité de la corde dans la boucle.

LE NŒUD DE TRAVERSE (OU « TRANSOM KNOT »)

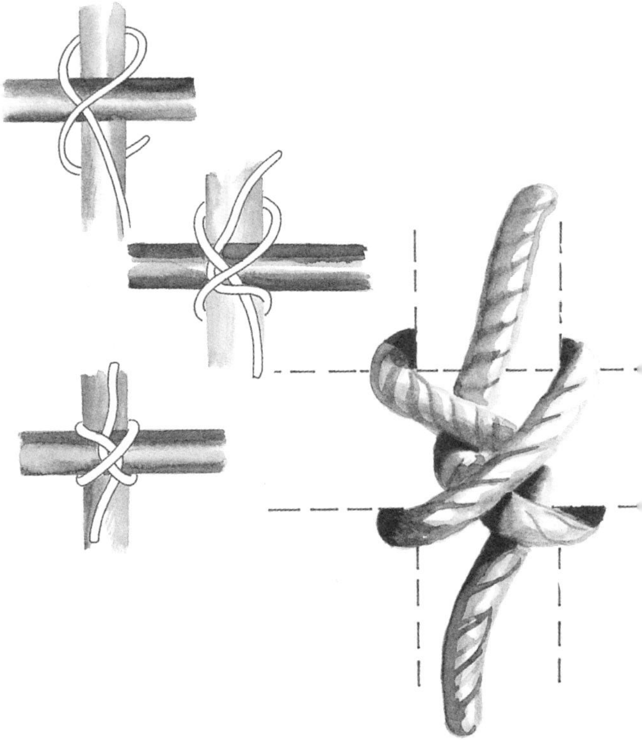

Il fut à l'origine conçu pour joindre les deux traverses d'un cerf-volant à monture en croix. Il faut faire une seconde ligature à angle droit de la première, cette fois-ci par-derrière pour une meilleure consolidation.

LE NŒUD ÉTRANGLEUR

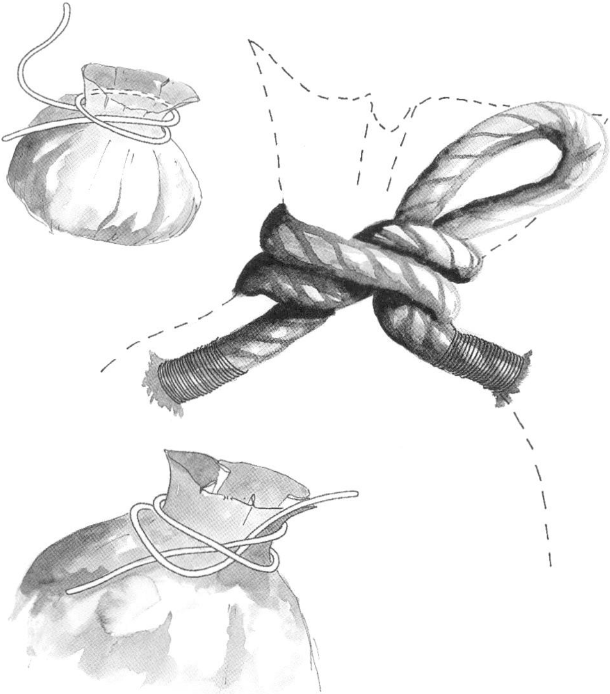

On retrouve le nœud de traverse qui devient le nœud étrangleur lorsqu'il est noué de manière à fermer un sac. C'est un nœud très sûr qui malheureusement est très difficile à défaire. Aussi est-il préférable d'introduire l'extrémité du cordage à l'intérieur du nœud. Il suffira alors de tirer sur la ganse ainsi formée pour libérer le nœud.

LE NŒUD D'ÉLINGUE

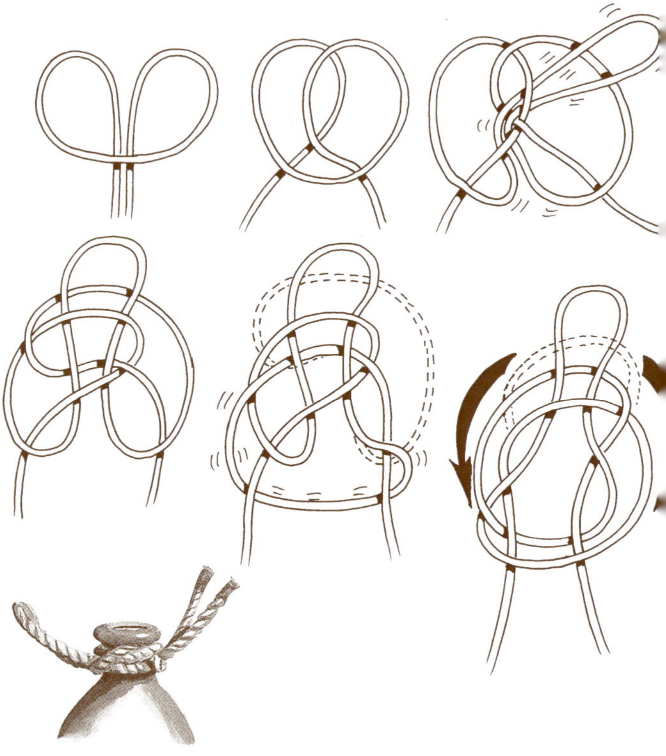

Ce nœud est utilisé en vue de transporter tout récipient contenant du liquide (bouteille, gourde, jarre) à condition cependant qu'il comporte un rebord au goulot. Assez compliqué dans son montage, il est néanmoins à connaître dans la mesure où il se montre très solide au serrage. Aucun risque de glissement, donc. Un conseil : réalisez ce nœud bien à plat sur une table.

Le nœud de tisserand

Ce montage est dérivé du nœud d'écoute. Il existe un nombre important de ligatures utilisées par le tisserand, mais celle-ci est sans nul doute la plus connue. Pour bien faire ce nœud, maintenez les bouts entre le pouce et l'index.

LE NŒUD DE PAILLE

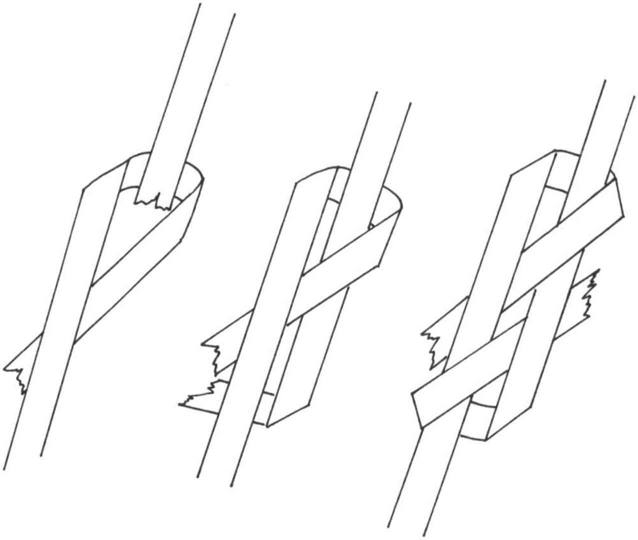

Il convient admirablement pour tous les liens plats (rotin, courroies, etc.). Ce nœud joint deux sections de manière sûre sans aucun risque de glissement par la suite.

La pomme de touline

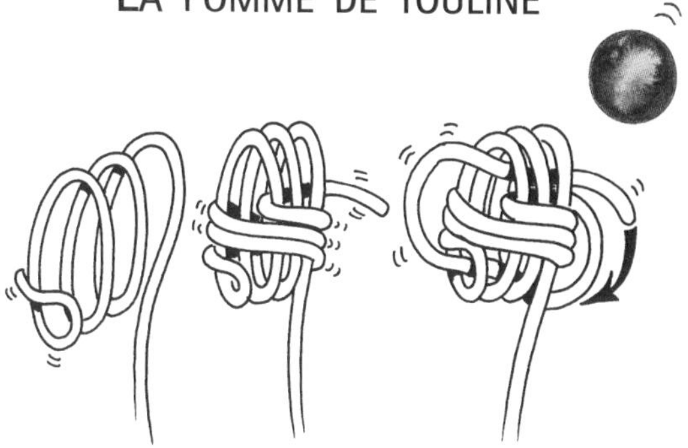

C'est une combinaison de tours horizontaux et verticaux. On doit passer le cordage trois ou quatre fois à l'intérieur des boucles de sens opposé pour finalement constituer une boule. On insère une bille à l'intérieur avant de serrer le tout très progressivement.

LE BONNET TURC

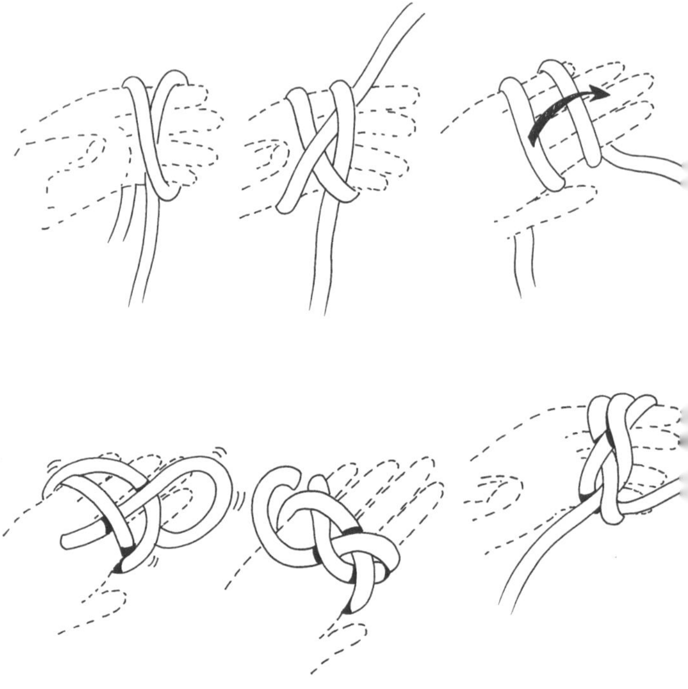

Dans la tradition maritime, ce nœud occupe une place de choix pour ses multiples applications : nœud décoratif, il peut être installé sur la barre à roue du bateau ou sur le manche d'un couteau, servir de rond de serviette, etc. Nœud fonctionnel, il peut constituer

Le bonnet turc

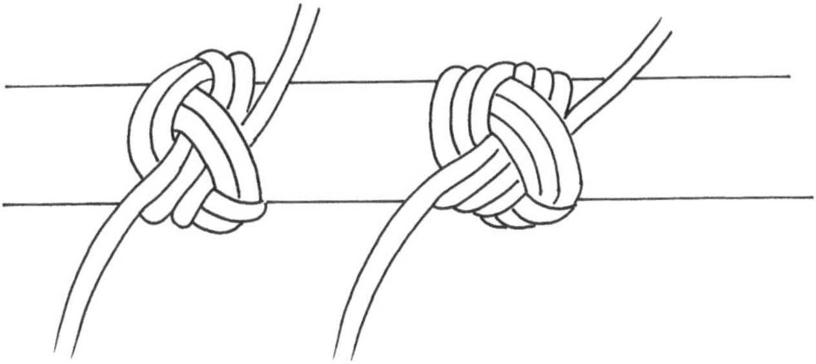

un élégant nœud d'arrêt sur un cordage. Les deux faces du montage ont été présentées ici : il est utile de s'entraîner au préalable en s'aidant de la main, avant de le réaliser sur son support.

LE PAILLASSON

Un exemple parmi tant d'autres de matelotage, bien connu des marins. Le montage du paillasson débute par celui du nœud de carrick. Les entrecroisements sont doublés, voire triplés, pour former un petit paillasson aux formes harmonieuses.

L'ÉCHELLE DE CORDE

Autre exemple de matelotage. Cette échelle est bien commode non seulement pour sa rapidité d'exécution mais également pour son très faible volume d'encombrement. Bien réalisée, elle est du plus bel effet le long de la coque d'un bateau.

LE SCOUBIDOU CARRÉ

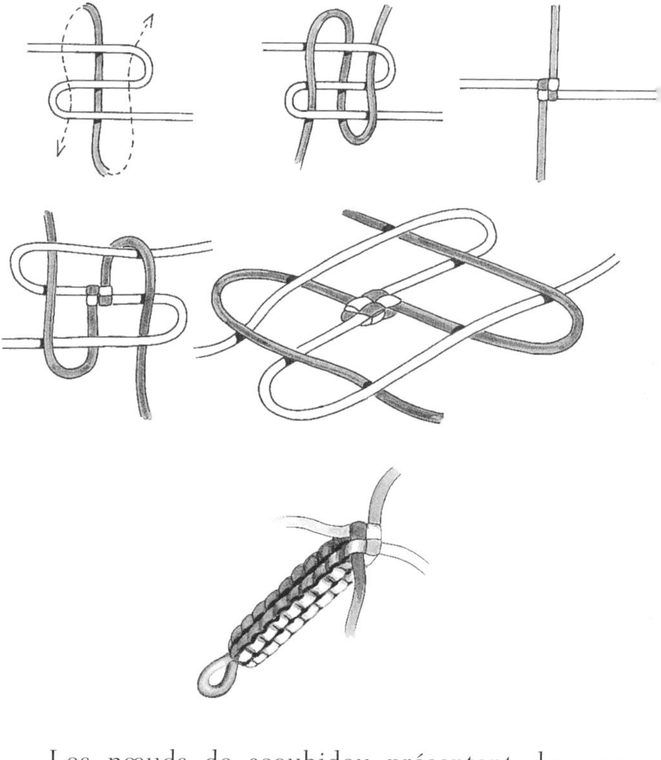

Les nœuds de scoubidou présentent de nombreuses variantes, dont la conception repose au départ sur le principe de montage du nœud de « tête de More ». Les fils de scoubidou sont entrecroisés avant d'être repliés sur eux-mêmes. Pour le scoubidou carré, les fils ont été placés perpendiculairement.

Le galon de macramé

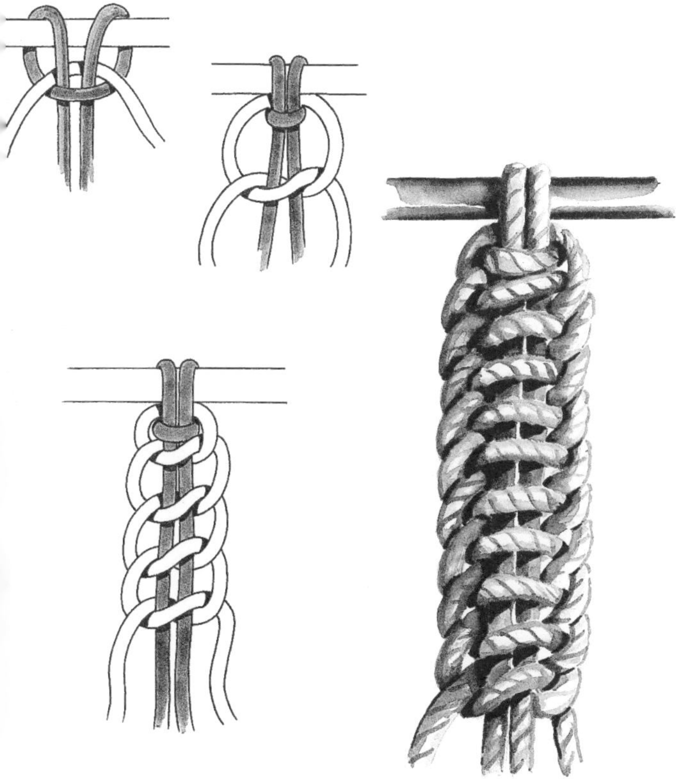

Ici l'utilisation d'une série de demi-nœuds sur une demi-clé renversée permettra la réalisation d'un galon d'une grande finesse.

Quelques mots clés

AJUT : assemblage de deux cordages.

AMARRE : cordage servant à attacher un navire à un point fixe (bitte d'amarrage, barreau d'une échelle, anneau de quai…).

BRINS : parties laissées libres d'un cordage qui s'opposent à la ganse, la boucle.

CAPELER : action qui consiste à entourer un point fixe avec la boucle d'un cordage.

DECOMMETTRE : défaire un cordage en enlevant les torsades (torons).

DORMANT : section du cordage non sollicitée par le montage du nœud.

ŒIL : boucle fermée.

FRAPPER : dans la marine, signifie fixer, attacher un cordage sur un support.

GENOPE : petite ligature utilisée pour serrer deux cordages.

TORONS : assemblage de plusieurs fils de caret par torsion.

Index

Éditions **OUEST-FRANCE**
Lille - Rennes

Éditeur Jérôme Le Bihan
Coordination éditoriale Marine Le Ruyet
Conception et mise en page Studio des Éditions Ouest-France

Imprimé en France par l'imprimerie Pollina, Luçon (85) - L76033
I.SB.N. 2.7373.6989.6 - Dépôt légal : janvier 2016
N° d'éditeur : 8093.02.01.03.16
Imprimé en France